LES
VERTVS
DV ROY.

QVE toutes les con-
trées du monde ab-
baiſſent leur orgueil,
& ne faſſent point de
difficulté d'auoüer que la France
les ſurpaſſe en bon-heur, auſſi
bien qu'en toute autre choſe, car
il faudroit eſtre deſpourueu de
tous les ſentimens capables d'e-
ſtre eſmeus par les delices, pour

ne voir pas que cette belle region reſſemble pluſtoſt auiour-
d'huy à vne des parties du Ciel,
qu'à vne des parties de la terre,
puis qu'vn grand Monarque la
gouuerne auec vn ſi admirable
iugement, & l'eſclaire par de ſi
brillantes vertus, qu'elle ne ſçauroit manquer d'vn ordre auſſi reiglé que celuy de la Sphere, n'y
d'vne lumiere auſſi viue que celle du Soleil, pour ſe garantir de la
confuſion & des tenebres des autres. Que ſi l'Iſle de Delos qui a-
uoit touſiours vogué ſur la mer
auec autant d'inconſtance qu'vn
des plus freſles nauires, deuint
ferme depuis que Latone y eut
accouché d'Apollon: Vn miracle
pareil luy eſt aduenu depuis qu'v-
ne Illuſtre Princeſſe y a donné l'e-

ſtre à noſtre Roy. Tout a eſté calme, & l'Eſtat prenant ſa plus deſi-
rable forme, ſ'eſt attaché auecque des liens ſi ſeurs, qu'aucune
tempeſte n'a eu le pouuoir de l'eſ-
branler. Il n'y a point eu d'emo-
tions qui ne ſe ſoient appaiſees
preſque auſſi toſt que l'on ſ'aper-
ceuoit qu'elles ſe ſouſleuoient:
& c'eſt n'auoir point de conſideration que d'ignorer que la Diuinité les permettoit ſeulement
pour faire eſclatter le merite de
celuy qu'elle a eſtably en vne
place, où toutes les perfections
du monde ſont requiſes : car ſi
nous n'auions eſprouué les
maux, nous ne ſçaurions pas la valeur des remedes ? En ces fauorables occaſions, il a teſmoigné
que les Princes les plus accom-

plis qui furent iamais, ont esté
priuez non seulement des qualitez excellentes dont il est pourueu : mais encore du pouuoir
de se les imaginer & de les souhaitter : si bien que ceux qui le
comparent à quelque autre, ra-
baissent sa gloire par malice ou
par stupidité d'esprit. Ne sçait-on
pas bien qu'aucun soucy ne peut
troubler son repos pour les tro-
phees de ceux qui se sont veus
en vne pareille dignité ? & qu'il
ne faict point de regrets pour e-
stre en vn aage où il ait esté possible aux plus braues hommes de
terminer des entreprises plus difficiles que les siennes ? Tous ces
grands personnages qui sem-
bloient meriter par leur valeur le
tiltre de demy-Dieux, que l'anti-

quité leur a baillé, font forcez de
confeffer qu'ils ne fçauent quels
honneurs l'on pourra rendre à vn
qui les excede en tant de fortes,
puifque defia l'on leur en a rendu
de tels? Ils ne font plus maintenát
que des ombres fans corps, à qui
les loix de la Nature comman-
dent d'eftre toufiours paffes; &
pourtát il eft à croire qu'ils reçoiuent vne honte fi violente de fçauoir la fin de l'admiration de
leurs faits, qu'il n'eft rien qui les
empefche d'en rougir. Mais quelque raifon que l'on m'ameine, ie
ne feindray point de publier
qu'ils ont vne exceffiue obligation à noftre Roy, qui en récom-
penfe de ce qu'il a retranché de
leur gloire, a rendu le refte plus
affeuré: au lieu que fi elle eut de-

meuré entiere, comme auparauant, elle euſt aſté en danger de
ſ'affoiblir : car n'y ayant point de teſmoignages aſſez forts pour
nous faire croire leurs actions, nous les euſſions tenuës pour des
fables ; ce qui ne ſçauroit plus arriuer à cette heure-cy que nous
en voyons de plus genereuſes, qui nous font ceſſer d'eſtimer des
moindres impoſſibles. L'on ſçait que les Princes venans icy à la
couronne par ſucceſſion, prennent auſſi toſt les reſnes de la Monarchie, que la mort les a oſtées des mains de celuy qui les auoit,
de maniere que ſ'efforceans d'ail-
leurs de ſe rendre conformes à
leurs anceſtres, dont ils ont meſme pris les inclinations auecque
le ſang, il ſemble preſque au peu-

ple qu'il soit tousiours gouuerné
par vn mesme Roy, qui ait receu
de Dieu le don de l'immortalité.
Mais s'il y a eu de l'apparence autrefois de conseruer cette opinion, il n'y en a plus guere auiourd'huy : car l'on s'aperçoit facilement que c'est vn autre Prince qui regne dessus nous, veu
qu'il differe beaucoup de ses pre-
decesseurs, & que par vne permission céleste, il a des vertus
bien plus eminentes, qui ne doiuent pas neantmoins nous porter
au mespris de ces anciens ornemens de la terre, dont les ames
ne manquoient point de bonne
intention. Ie ne veux pas conclu-
re qu'il le faille mettre au dessus
du Grand Henry : ce sont d'autres
iugemens que le mien qui en

doiuent resoudre : mais i'asseu-
reray bien que s'il nous oblige à
l'y mettre, ce genereux pere touché d'vn excez d'amour en rece-
ura des plaisirs qui augmente-
ront ceux qu'il gouste maintenant, & que voyant faire à son fils
des actiós plus remarquables que
les siēnes, il n'en sera point jaloux
& ne croira estre surpassé que par
soy-mesme. Depuis que i'ay re-
marqué tát de merueilles, i'en ay
esté surpris d'vn rauissement incroyable, & d'vn desir ardent de
les d'escrire, qui se sont augmen-
tez d'vn mesme train de iour en
iour. Mais la grandeur de l'entreprise m'estonnant dés qu'elle me
venoit en l'esprit, la plume m'est
souuent tombee de la main auant
que d'auoir eu la hardiesse de

commencer vn seul traict, tellement que pour voler si haut il
m'a falu attendre que les aisles
me soient venuës. Maintenant
que le courage m'est creu, la foi-
blesse de mes forces n'empeiche-
ra pas, que mettant en oubly toute autre occupation, ie ne m'imagine n'estre né que pour celle-là.
Ie n'ay pas manqué à songer toutefois , que comme ancienne-
ment les statuës des Dieux ne se
faisoient que d'vn certain bois
choisi: ainsi les loüanges des Princes ne doiuent estre composees
que de voix prises à l'eslite, & n'est
pas permis à chacun de peindre
leurs ames : puis que mesme à
moindre raison Alexandre ne
vouloit pas qu'il y eut autre
qu'Apelle qui fist le portraict de

son corps. A cette côsideration, la
crainte m'a encore fait adiouster
les peines qui ont esté de tout
temps ordonnees pour ceux qui
n'ont pas assez dignement tracé
l'image des vertus des Grands,
specialement que durant la
splendeur de l'Empire Romain,
ceux qui deuant l'autel de Lyon,
auoient offencé le merite de l'Empereur & du Senat, en le loüant a-
uecque des paroles, ou la bassesse
de leur esprit se trouuoit manifeste, estoient contraincts d'effacer
auec la langue leurs noms du
nombre des Orateurs, afin que la
partie mesme de leurs corps par
laquelle ils auoient peché, seruist
honteusement à leur punition.
Mais quoy ? il m'est aduis que
quand ie ne m'aquiterois pas

bien de mon entreprise, vn semblable traictement ne sçauroit
auoir lieu en mon endroit, si l'on
se représente que de ne vouloir
point qu'on loüe nostre Monarque, si ce n'est autant comme il
merite, c'est condamner rigou-
reusement tout le monde à s'abstenir de le loüer, d'autant qu'il
est impossible que nous expri-
mions par le discours le prix d'v-
ne chose ou à peine peut atteindre nostre pensee. Certainement
il suffira bien quand ie monteray
iusqu'au point où vn mortel à la
permission d'arriuer, & quand ie
tesmoigneray que si mon eloquence se rendoit vne fois pareille à mon affection, il n'y auroit
personne qui ne fust contrainct
de me ceder en l'art d'attirer les

hommes par les oreilles, auec vne
chaisne plus douce que la liberté.
C'est là vne des principales raisons qui m'ont animé à la pour-
suite de mon dessein, & d'auantage i'y suis confirmé par l'esperan-
ce d'vn secours surnaturel qui
semble m'estre promis du Ciel.
L'on void qu'apres auoir ordonné que tousiours les plus proches
des Roys qu'il a appellez à soy,
s'emparent du sceptre, son eternelle Iustice à le soin de les en
rendre dignes, & de faire en sorte
que le rejetton ne degenere
point de sa souche. N'est-il pas
vray semblable qu'ayant choisi
vne ame pour luy donner des desirs sinceres, de representer les
perfections de ces Princes là, il
prend tout de mesme la peine de

luy en donner les moyens , afin
qu'elle ne tombe point en des
fautes dangereuſes ? Les extraoi-
dinaires mouuements qui m'agi-
tét me font auoir vne côfiance là
deſſus, & ſans vne folle perſuaſió,
i'aſſeure deſia que touchant mon
ſuiect, il ſ'eſt offert à moy vn nombre infiny de penſees, qui ne peuuent rien auoir d'humain , ſinon
qu'elles ſeront miſes dans les ouurages d'vn homme. Ie commen-
ceray donc le portraict des Vertus d'vn Roy nompareil , pour le
mettre deuant les yeux de ceux
qui n'ont pas l'entendement ſi
bon que de comprendre combien elles ſont eſtimables en les
regardant en ſa perſonne meſme , ayant intention de le leur
monſtrer de cette ſorte auec vne

plus grande facilité, ainsi que les
Astrologues nous apprennent le
cours des Cieux, en nous presen-
tât vne Sphere ou leur figure est
contenuë, non pas leur grandeur.
Qu'il n'y ait personne qui ne regarde auec attention ce que ie
m'efforceray de mettre en eui-
dence, puis que la disposition de
ceux qui reçoiuent les enseigne-
mens n'est pas moins necessaire
que celle de celuy qui les donne,
pour garder que la peine ne soit
perduë. Que tout le monde redi-
se apres moy comme vn Echo, les
veritables paroles que ma bouche proferera : & que mesme les
plus durs cœurs ne s'en exentent
point, puis que d'ordinaire en la
Nature, c'est des rochers que sort
la repetition de la voix. Ma pro-

position n'est pas de dire iusques
aux plus particulieres actions du
Roy, ny de rapporter tous les dif-
cours de poids qu'il a tenus: combien que ce foit vne chofe dont
ie me plairois autant à faire le recit, que l'on fe plairoit à l'entendre. Cela feroit à propos fi i'auois
entrepris vne longue hiftoire de
fon heroïque vie. Il me fuffit de
móftrer fes principales qualitez,
puis en les confiderát on pourra
iuger par vne confequence infail-
lible, qu'vne infinité d'autres en
deriuent comme des branches
tres floriffátes. Laquelle mettray-
ie à bon droit la premiere, finon
celle qui appartient d'autant plus
à vn Roy, que l'on la repute comme la Reyne de toutes les autres
Ie veux dire la Iuftice, que le Prin-

ce n'a pas si tost grauee dans son
cœur, qu'il met ordre qu'elle soit
aussi parmy son peuple. Prome-
thee ne donna pas d'auantage de
vie aux membres de l'homme a-
uecque le feu qu'il auoit rauy au
Ciel, que cette diuine flamme en
donne à tous les membres de l'E-
stat, qui depuis qu'elle s'est reti-
ree ne sçauroiét auoir de mouue-
ment, & ne sont exemptez de cor-
ruption que par artifice, en la
mesme façon que ceux des animaux sont gardez de pourriture
par le bois de Cedre. Et comme
les corps de Mumie se reduisent
en poudre dés que l'on y touche
seulement du bout du doigt. Ce
corps à cette heure là se dissipe
plus menu que des atomes, au
moindre coup qui le frappe. Celuy de

luy de la France est deliuré de
la crainte d'vn semblable acci-
dent par l'ame puissante qui est
espanduë dans ses parties. Aussi
l'incomparable Lovis a t'il
acquis pour ce suject le surnom
de Iuste, qui luy a esté si iustement & si vniuersellement donné, & certes l'on ne pouuoit luy
en trouuer vn plus conuenable:
car en l'appellant ainsi, c'est luy
attribuer vn tiltre qui comprend toutes les perfections
qu'il possede. L'eclat des plus re-
commandables vertus reluit en
la Iustice, qui les contient toutes en soy selon l'opinion des
plus sains iugements. C'est vne
fleur qui a la couleur, la forme
& la senteur de plusieurs autres, s'il est permis de comparer

B

aux fleurs vne chofe fi durable.
Pour eftre parfaitement Iufte
ne faut-il pas auoir la force de
moderer fes paffions, afin de ne
rien executer contre fon deuoir
pour leur complaire ? N'eft-
il pas befoin de valeur pour
quitter fes plaifirs particuliers,
s'expofer aux perils, & mefprifer
la mort, afin de donner de l'affi-
ftance à ceux qui en ont affaire?
Ne conuient-il pas auffi auoir
vne prudence fignalee pour
preuoir à quoy peuuent feruir
ces deffeins releuez, & pour remarquer de quelle maniere ils
pourront reüffir plus facilement & plus vtilement ? Beaucoup de qualitez font encore re-
quifes, de chacune defquelles il
y en a d'autres qui dependent;

& par ainſi l'on voit ſans aucune
peine que les Vertus ayment à
aller de compagnïe, principalement ſous la conduite de celle
que ie nomme leur commune
maiſtreſſe. L'on dit que ſi vn anneau de fer a eſté frotté d'vne
pierre d'aymant, il peut attirer à
ſoy vn autre anneau, auquel il
donne encore la force de produire le meſme effect; & que
cette puiſſance paſſant ainſi des
vns aux autres, ils ſe peuuent at-
tacher pluſieurs enſemble, de
ſorte qu'il s'en fait comme vne
chaiſne. Ainſi la premiere Vertu
ayant eſté touchee de la bonne
volonté (qui eſt la vraye pierre
qui peut tout attirer à ſoy) l'on
voit inſenſiblement que les autres vertus ſe ioignent à elle

tout d'vne suitte, estans si aymables que lors qu'on en possede
vne, on souhaitte l'autre dont
l'ô se figure la douceur. C'est de
cette façon que nostre Monarque les a acquises, pour meriter
le nô venerable qu'on luy donne, lequel il doit plus priser que
celuy de Roy de la plus celebre
nation de la terre. Toutefois il
met tant de peine à se rendre
parfait de plus en plus, que l'on
iuge bien que son desir n'est pas
borné ayant obtenu ces vains
honneurs qui ne rendent pas les
personnes plus estimables, &
qu'il ne seroit pas si ayse de les
obtenir sans les meriter, que
de les meriter sans les pouuoir
obtenir, si le siecle estoit ingrat
iusqu'à luy desnier vne chose si

petite au prix de ce qu'il luy
doit auec raison. N'estoit cecy
quelqu'vn pourroit s'imaginer
que l'on luy auroit baillé vn tiltre suiuant les premieres mœurs
qu'il auroit fait paroistre, en intention de l'exciter à perseuerer
tousiours en vn si bon naturel,
de peur qu'en le laissant sa
gloire ne fust amoindrie, quasi
en la mesme sorte que les Ro-
mains faisoient souuenir vn de
leurs Empereurs des promesses
qu'il auoit faites de les bien re-
gir, en les lisant deuant luy tous
les ans. Mais non, c'est vn crime
que d'oser seulement songer à
cela. L'ordonnance celeste qui
luy a fait donner le nom de Iuste, sans que l'on sçache à peine
qui l'a appellé ainsi le premier,

n'a voulu faire autre chose, sinon que le peuple ne le puſt
nommer ſans ſe ſoutenir de ſes
qualitez exquiſes, & par conſequent du bien qu'il reçoit d'e-
ſtre ſous ſon Empire, & du reſpect qu'il eſt obligé de luy rendre. Ie veux monſtrer auec combien d'ardeur il cherit la Iuſtice,
cette belle fille du Ciel donc la
virginité eſt perdurable, & pour
garder vn ordre où ie ne me
confonde point. Ie m'en vay declarer comment il en exerce les
fonctions enuers ſoy, auparauant que de dire comment il le
ſçait faire enuers les autres. Pre-
mierement il ſe donne des loix
pour garder touſiours vne extreme pieté, & recognoiſtre que
c'eſt Dieu qui l'a faic aſſeoir ſur

le throſne des fleurs de Lys , &
que ſans ſa volonté il ne ſ'y
pourroit pas tenir vn moment.
Il ſçait qu'vne ſeule fueille des
arbres ne ſeroit pas eſbranlee
ſ'il n'y conſentoit ; que ceſte
puiſſance infinie n'eſt point mal
ayſee à comprendre à ceux qui
ſe la figurent, comme vne grande ame eſpanduë dans l'Vniuers ; ne plus ne moins que celles qui ſont infuſes dans les
corps, dont pas vn membre ne
ſe remuë outre leur gré : & que
ceux là ont des penſees abomi-
nables qui croyent que tout ſoit
conduit ſeulement par vn certain hazard. De là vient qu'il
hayt tant ces perſonnes impies,
qui pouſſees d'vne opiniaſtreté
incredule, ſont moins ſortir de

B iiij

paroles de leur bouche, que de
blafphemes contre le Ciel, à
quoy ils ne profitent non plus
quef'ils iettoient en l'air vn cail-
lou qui retomberoit deffus leur
vifage. Toutes chofes tendent à
leur centre: les pierres vont à la
terre, & les corps des hommes
auffi: mais pour leurs ames, elles
doiuent afpirer à Dieu, fi elles
ne font fi enclines à fuiure les
appetits de cette charoigne fen-
fible, qui leur fert de fepulchre
mouuant, qu'elles en deuiennent groffieres & pefantes comme elle. Quant à celle de ce
Prince, encore qu'elle foit en-
fermee dans vne prifon plus noble que les autres, malgré toute
forte de liens, & au mefpris de
l'effort des fens, elle ne tend

qu'à ce centre nompareil, d'où
elle a esté transportee icy pour
nostre bon-heur. Le soing le
plus pressant qu'il ait en l'esprit,
c'est de rascher de faire en sorte,
que la Religion que nos peres
nous ont laissee, se conserue en
son entier, connoissant bien
qu'elle à vn visage qui n'est pas
moins beau pour auoir des ri-
des. A peine peut-on croire la
peine qu'il a prise en Bearn à tirer de seruitude tant de con-
sciences gesnees, qui n'osoient
faire voir publiquement leur
zele : & veritablement nous se-
rions iniurieux à sa deuotion, si
nous pensions qu'il eust esté
là plustost pour y regaigner son
authorité, que pour y restablir
les exercices de nostre foy, &

rendre aux Eglises leurs Prestres, & aux Prestres le fidele
troupeau qui deuoit estre sous
leur charge. Vn Roy de Sicile
ayant fait abatre la moitié d'vn
Temple pour agrandir son Palais, fut condamné par le Senat
de Rome à le faire rebastir, & à
retrancher vne bonne partie de
sa pompeuse demeure pour
l'accroistre encore. Mais nostre
Roy qui est si esloigné de tóber
en pareille faute, qu'il prefere à
tout le soucy de rendre somp-
tueux les lieux qui sont consa-
crez à Dieu, & que volontiers il
quitteroit celuy de son sejour
pour y laisser faire les plus sain-
ctes ceremonies, ne se doit il pas
tenir pour asseuré, qu'en recompense il habitera vn iour dans la

maison celeste. Ie sçay que les anciens Gaulois n'edifioient point de Temples, s'imaginants que c'eust esté auoir enuie d'enfermer la Diuinité dans des murailles, & qu'ils se proposoient de l'adorer en toute sorte de lieux, puis qu'il est autant en vn endroit comme en vn autre. Mais nostre Monarque qui a esté enseigné en vne meilleure eschole, mesprise leur croyance, recognoissant que le peuple fait ses prieres auec vne attention bien plus respectueuse, & vne deuotion bien plus feruente, dans vn lieu particulier qui se rend venerable par son seul aspect, que dans vn autre où parauenture il s'est souuent addonné à des choses prophanes. quel

ques-vns ont encore eu cette
opinion qu'il n'est pas autre-
mét besoin d'embellir les rem-
ples de riches ornemens ; que
c'est ne rien offrir à Dieu que de
luy offrir l'or & l'argent, qui ne
sont point veritablemét à nous,
& que pour luy presenter quelque chose qui soit du nostre, il
luy faut offrir nostre cœur, qui
est bien plus en nostre puissance par nostre libre arbitre. Que
pourray-ie respondre à cecy
pour le Roy le plus pieux, qui
soit sur la terre, sinon qu'ayant
desia donné son cœur à Dieu,
apres l'auoir osté de l'amour
des richesses mondaines, il faut
bien qu'il les luy offre pareillement, pour tesmoigner par des
preuues apparentes, qu'il ne de-

fire plus les retenir, ny les employer à des defpences dont il
ne puiffe receuoir que des plaifirs paffagers ? Ce font ceux qui
les gardent qui meritent du
blafme, veu qu'ils monftrent
qu'ils les cheriffent, & faut croire qu'ils ne font pas en termes
de paruenir au Ciel. Ce fardeau
de biens terreftres qu'ils portent auec eux, eft trop lourd
pour ne les point empefcher
de monter fi haut. Ils deuroient
ceffer de l'embraffer eftroite-
ment comme ils font, & f'en
eftans defchargez par vne prudence neceffaire, le mettre fous
leurs pieds, pour f'efleuer dauantage, autrement il ne trou-
ueront pas les moyens d'atein-
dre le lieu que mon Roy tou-

che desia du bout du doigt. Il est
bien vray que Lycurgue n'auoit
ordonné que des sacrifices de
fort peu de valeur:mais c'estoit
afin que le peuple ne fut point
diuerty de sacrifier souuent, &
puis sa Republique estoit si pau-
ure que la moindre despence y
estoit beaucoup. Au reste l'on à
tousiours veu que ceux qui se
sont despoüillez de leurs biens
en l'honneur de la Diuinité, en
ont recouuré d'autres sans y
penser, & presque contre leur
gré, afin qu'ils eussent moyen
de continuer leurs offrandes.
Tybere Empereur Grec se-
stant apauury à faire des dons
aux Eglises, trouua vn grand
thresor sous vne pierre, qu'il fit
oster de son lieu, parce que la fi-

gure d'vne Croix y estoit grauee, & que l'on marchoit ordinairement dessus. Quel thresor
precieux ne viendra donc point
en la possession du Roy, qui
n'est pas moins liberal pour vn
suject si loüable, & qui nous
promet de faire si biē releuer le
signe de nostre Redéption, que
ceux qui l'ont foulé aux pieds le
choisiront pour leur Phanal, en
cette perilleuse nauigation du
monde? En attédant qu'il gouste vne felicité parfaite, Il aura
à son souhait toutes celles qui
sont soubmises aux loix du téps:
d'autant que mesme elles n'ont
pas esté desniees aux Payens
qui en leur faulse religion croyoient adorer la vraye Diuinité:
ainsi qu'il est raconté de plu-

fieurs, qui pour le defir qu'ils
auoient d'eftre Iuftes en conſer-
uant la foy de leurs anceſtres,
ont merité au moins d'eftre re-
compenfez de ce bien terreſtre.
Encore que Numa n'eut enſei-
gné à ſon peuple que les myſte-
res d'vne faulſe Religion, il ſe
remarque qu'il ne ſe vit iamais
de regne ſi exempt de toute forte d'infortunes que le ſien, &
qu'il auoit auſſi tant de fian-
ce en ſes Dieux, que comme
on luy eut raporté au Temple
que les ennemis eſtoient proches, il reſpondit ſeulement, hé
ie ſacrifie! ſans ſ'eſmouuoir en
façon quelconque. S'il eſt ainſi
que l'on ne doiue rien craindre
quand on ſ'adonne à de ſi ſainctes occupations, de quels dangers

gers peut estre menacé le Roy,
qui sacrifie incessamment au
vray Dieu, ou bien en effect, ou
bien par desir au profond de
son ame? Il s'est rendu le Ciel
propice en vne prospere saison,
afin de trouuer vn prompt secours toutes les fois qu'elle se
changera, considerant qu'in-
uoquer Dieu que lors qu'on en
à affaire, ce n'est pas l'aymer à
cause de luy, mais à cause de soy-
mesine; & que ceste supreme
Majesté s'offence plustost qu'elle ne s'adoucit, si tost qu'elle
entend la priere de ceux qui ne
la recherchent que par occasion, & qui se voyans heureux,
n'auoient pas songé qu'ils e-
stoient tant plus proches de
leur malheur, puisque sans cef-

C

ſe les contraires ſuccedent au
monde l'vn à l'autre. Sa voix
touche à toute heure le Ciel, où
elle entre non point comme
vne eſtrangere qui n'en a frappé les portes que fort peu de
fois, mais comme y eſtant con-
neuë de la Bonté Eternelle,
enuers qui elle a obtenu vn tel
credit à la longue, qu'elle pourroit arreſter le foudre qui ſeroit
preſt à eſtre lancé ſur vne teſte
coulpable. Ses moindres ſouſ-
pirs s'eſleuans en l'air auec vne
odeur plus douce que celle de
l'encens, & ſes larmes recueillies
par ſon bon Ange comme des
perles precieuſes, ont aſſez de
force pour faire ouurir ce grand
vaſe de là haut, où l'on dit que
ſont enfermez tous les biens,

qui ne fe departiffent que par vne certaine mefure. Il les peut exiger de l'efpargne la plus eftroite que la Celefte prouidence obferue, pour nous priuer d'vne abondance de felicitez qui nous eft aucunefois dommageable contre l'opinion que nous en auons. Il fe trouue là vne balance iufte qui pefe auecque fon zele les prefens qu'il demande, & les enuoye à pareille mefure par la mefme voye des prieres. Les threfors du Ciel font en vente, tout le monde en peut acheter, l'on en a fouuent à trefbon marché: Pour vne petite larme iettée d'vne affection fincere, on en acquiert d'ineftimables. Quelquefois à la verité, Dieu nous enuoye des affli-

ctions, afin de nous refueiller de
l'affoupiffement ou nos vices
nous retiennent, & nous efmou-
uoir à nous tourner deuers luy,
pour puis apres nous faire re-
connoiftre fa puiffrnce en nous
rendant en moins d'vn rien nos
profperitez, à quoy l'on void
que l'infortune peut feruir de
remede à noftre maladie. Bien
fouuent auffi feloh les ocurren-
ces il faiot la fourde oreille, &
n'exauce que fort tard celuy qui
implore fon ayde, preuoyant
qu'il le delaiffera apres, & n'ayant point de contentement fi
parfait que de nous voir aupres
de foy. Mais noftre Monarque
ne trouue pas ces difficultez là,
parce que la fidelité monftre af-
fezqu'ellefera d'eternelle duree,

ainſi que la neceſſité qu'on a dé
recourir à ſon Createur n'aura
iamais de fin. Au lieu eſleué où
il eſt côme ſur vn theatre, ſes ſujects pouuants facilement ietter les yeux ſur luy, remarquent
ſes principales actions & ſ'effor-
cent de les imiter parvn inſtinct
naturel, ſe perſuadans qu'il faut
qu'ils ſ'abaiſſent deuant celuy,
qui reçoit le meſme hommage
d'vn plus grand qu'eux. La re-
nómee des humeurs d'vn ſou-
uerain, ſ'eſpand par toutes ſes
prouinces, comme vn grand
fleuue diuiſé en pluſieurs ruiſſeaux, où chacun accourt pour y
boire d'vne eau qui donne ſes
qualitez à ceux qui la prennent.
Et comme l'on ne vit ordinairement que des fruicts qui naiſ-

sent en sa propre contree: aussi
l'on n'entretient guere son ame
que des mesmes vertus que produit son Prince. I'ose bien asseurer que tous les François ne
trouuans rien qu'vn feu de deuotion au cœur du Roy, en ont
allumé les leurs: car ie n'appelle
pas François ceux qui ne l'ont
pas fait. S'ils y eussent trouué vn
autre element moins noble, ils
n'eussent pas manqué à le prendre tout de mesme. Mais luy qui
desire que Dieu possede les a-
mes de son peuple autant que
la sienne, tasche de les luy acquerir, pour auoir plus de merite, & s'enflamme de pieté aussi
bien en apparence qu'en effect.
Il n'ignore pas que les yeux ont
plus d'authorité sur les es-

prits, que les oreilles, & que si
l'on luy entendoit dire touchât
la religion, ce que l'on ne luy
verroit pas faire, l'on croiroit
qu'il ne s'en voudroit seruir que
par maxime politique. Les ex-
emples nous ameinent plustost
à la connoissancé des choses
que les preceptes: car qui seroit
le bon Peintre qui represente-
roit naïuement vn homme par
le seul recit qui luy seroit faict
des traicts de son visage, & sans
l'auoir iamais veu? Maintenant
que i'ay monstré de quelle affection cet inestimable Roy cherit son pere eternel, on pourroit
bien s'imaginer combien il
cherit ses parents mortels, quád
ie m'abstiendrois d'en parler. Il
rend tous les iours à la Reyne sa

Mere de si extrémes teſmoignages d'amitié & de reſpect, qu'il
luy donne occaſion de s'eſton-
ner de lesvoir parmy vne authorité comme la ſienne; & ayant
eu vn frere contre l'aduis de
pluſieurs, qui diſent que les
Lyons ſont touſiours vniques,
il l'ayme de telle ſorte qu'il
monſtre qu'il eſtime vn bon-
heur de l'auoir, embraſſant l'o-
pinion d'vn ancien Heros, qui
mettoit au nombre de ſes mi-
ſeres de n'en auoir point. O
combien de merueilles incroyables ie remarque encore en
luy, lorſque ie iette les yeux ſur
vne autre Pieté, ou il ſe fait paroiſtre iuſte pardeſſus tout ce
que l'ön ſen peut imaginer: Se
peut il acquiter plus religieu-

sement qu'il ne faict de son deuoir qui l'oblige à cherir la
France? Elle est comme vne belle Dame qui luy a esté donnee
en mariage, & laquelle il ne
tient point pour son esclaue. S'il
parle en plurier en faisant quelque Ordōnance, c'est qu'il parle
pour luy & pour elle. Il sont
ioincts ensemble d'vn si admirable lié, que de mesme que les
yeux ioignans ensemble leurs
regards, ne voyent point les
choses doubles : ainsi leurs esprits qui sont inseparables, ne
voyent point les obiects chacun à part. Il n'est rien qui ne
soit commun à tous les deux: de
sorte qu'on peut dire qu'ils ne
sont qu'vn, & neantmoins quelquefois ils sont chacun deux,

lors que leurs biens sont sepa-
rez, & qu'ils sógent au leur propre, & à celuy de leur partie. Ces
jalousies demesurees qui monstrent bien que l'on a de l'affection, mais qu'elle est agitee de
l'accez d'vne fievre violente, ne
sçauroient donner au Roy la
moindre atteinte du monde
pour le sujet de cette chaste es-
pouse, tant il est asseuré de sa fidelité. Toutefois il se tient sur
ses gardes, de peur que tant d'a-
mants, qui sont merueilleuse-
ment espris de ses beautez ne la
luy rauissent. Ce n'est pas le seul
soucy qu'il se donne pour elle:
l'on ne se maintient en la possession des belles choses qu'a-
uec vne difficulté excessiue. Il
faut que celuy qui desire de re-

gner auec vne furieuse passion
soit si ignorant qu'il ne sçache
pas à quels trauaux il se veut
soufmettre, ou qu'il soit d'vne si
peruerse nature, qu'il ait seulement enuie d'auoir de l'authorité afin de s'en seruir pour ses
plaisirs particuliers, sans auoir
soucy du bié de son peuple. Nostre Roy estant orné de qualitez contraires à celles là, ne s'e-
stime point plus heureux pour
tenir le sceptre, & ne le garde
que parce que la Nature & la
raison luy ont baillé. Il reconnoist que sa sagesse est necessaire pour gouuerner la France, &
prend charitablement toutes
les peines qui sont attachées à
vn tel office, n'ayant garde de le
quitter comme feroient plu-

sieurs, qui croiroient viure en
leur particulier auec plus de repos d'esprit, & diroient que si
l'on trouuoit le diademe à ses
pieds, il ne meriteroit pas d'e-
stre releué. Son iugement qui a
des clartez ou les autres n'auroient que des tenebres, void
bien que quelque chose que
l'on fasse, il est impossible d'e-
stre au monde deliuré de tout
trauail, & de toute seruitude.
Chacun porte sa chaisne indubi-
tablement: mais il y a cette difference, que les vns en ont de
fer, & les autres de pierreries.
Ce sont ces dernieres qui sont à
priser comme les plus honno-
rables. Tant plus elles serrent
estroitement, tant plus l'on a de
gloire. Ceux qui s'asseurissent de

plus à pouruoir au bien des na-
tions, ont des recompenses
dont on abbaisse la valeur en
s'efforceant de les exprimer.
Cette consideration anime tellement le Roy à la vigilance
que l'on void bien qu'il veut viure & mourir debout, ainsi
que doiuent faire les Princes, &
que tandis que les autres dor-
ment ou se resiouissent sans inquietude, il s'en va librement
comme le Capitaine Thebain,
visiter les lieux d'où l'on peut
craindre quelque surprise de
l'ennemy. Le sommeil pense
que la Nature l'a trompé, quand
elle luy a promis que personne
ne mespriseroit la douceur de
ses charmes, voyant qu'il resiste
à ses pauots, & qu'il ne peut pos-

seder assez longtemps à son gré
vn corps si aymable. L'aduertissement que l'on donnoit aux
Roys de Perse de se leuer pour
s'employer aux affaires que
Dieu leur auoit mises en main,
est tousiours donné au nostre
par vn bon Genie, auquel il pre-
ste incessamment l'oreille; & ie
croy mesme que s'il luy arriue
aucune fois d'auoir des songes,
Morphee qui ne represente
que les fantaisies que l'on a em-
praint le iour en son esprit, ainsi
que l'esponge ne rend que la
liqueur qu'elle a beuë, ne sçauroit luy faire voir autre chose
que quelque plaintiue Idole,
qui signifie la France, laquelle
l'excite à la deliurer du danger
où elle se void exposée, si quel-

que beste effroyable la pour
suit. Car s'il a d'autres pensees
en veillát, il ne les tient pas pour
siennes, ou bien il les accuse de
trahison. Et les humbles honneurs qu'il reçoit par tout, le
font souuenir qu'il est obligé à
la conseruation de ceux qui les
luy rendent. I'ay tantost compa-
ré l'Estat à vn corps humain, &
ie le luy compareray encore à
cette heure, afin de faire mieux
comprendre les choses, en me
seruant de pareilles concep-
tions. Ie diray donc que de mesme qu'il ne doit auoir des oreilles, vn nez, des yeux, & vne lan-
que qu'à la teste, & que si l'on
en voyoit aux bras & aux autres
parties, on tiendroit cela pour
vn prodige effroyable: ainsi ce

n'est à faire qu'au Chef d'vn
Empire d'auoir la puissance d'e-
couter, de sentir, de voir tout,
& de parler pour donner ses
commandemens. C'est vn monstre des plus estranges, lors que
les autres membres ont vne
semblable authorité. C'est à eux
à obeyr, & à trauailler seulement. Mais aussi ne plus ne
moins que la teste doit auoir vn
entendement si bon qu'elle employe toutes ses fonctios au bié
du corps, pour ne se monstrer
indigne de sa qualité: il faut que
le Prince soit doüé d'vne meure
sagesse, auec laquelle il se gouuerne en la charge qu'il a de ses
inferieurs, afin de paroistre grãd
& de nõ & d'effet, & garder que
son Estat n'ait autant de laideur

qu'aux

qu'aux autres formes. La France
est tout à fait hors de ces perils
là, & n'est pas possible de la
voir en vne meilleure constitu-
tion. Son Chef fait son deuoir si
exactemét sans prendre vn no-
table secours des autres parties,
que c'est de luy seul que sa conseruation despend. Le corps d'A-
chille ne pouuoit mourir s'il n'e-
stoit frapé au taló : mais le corps
de nostre Estat ayant vne contraire destinee, ne sçauroit receuoir beaucoup de dommage, s'il
n'est frappé à la teste. Aussi ceste
precieuse partie estant plus à
nous qu'à elle mesme, s'efforce
de procurer sa santé pour procurer la nostre, & la Diuinité
a visiblement contribué à son
salut pour nostre bon-heur, gar-

D

dant qu'elle ne fuſt atteinte de ces maladies dangereuſes, dont il y a eu tant de monde affligé. Themiſtocles diſoit qu'il eſtoit côme vn Platane, ſous lequel les Atheniens venoient ſe mettre à l'abry des ſoudains orages, & le laiſſoient au retour d'vn temps ſerain. Mais le Roy ſe peut comparer à vn arbre de beaucoup plus excellent appellé Cocos, lequel ſert non ſeulement de couuerture aux Indiens, mais encore leur fournit des aliments diuers, tellement que l'on l'embraſſeroit pluſtoſt de toute ſa force que de l'abandonner. Ce que ie trouue de plus digne d'admiration, c'eſt que ce Prince ſemble n'eſtre né que pour nous, & iamais pour

foy, de mefme que toutes les autres chofes qui font crées pour
l'vtilité des hommes : car les
vents foufflent & ne nauigent
pas. Il fe donne vne infinité de
peines pour faire en forte que
nous n'en n'ayons point, & nous
priue des foucis qui trauaillent
ceux qui viuent dans les Repu-
bliques, où il eft neceffaire que
chacun prenne fa part du fardeau. Il occupe fon efprit à des
affaires efpineufes pour empefcher que nous ne foyons perfe-
cutez, & porte incontinent fes
armes dans les pays où il f'efle-
ue quelque trouble, afin de faire fucceder vne longue paix à
vne courte guerre, qui eft le dernier remede à ces maux, où ceux
qui font trop doux n'ayans

point d'operation, il faut auoir
recours aux incifions & aux cau-
teres. De fi grāds effets deriuent
de fa prefence, que tous les lieux
qui en font honorez ne man-
quent point à recouurer leur
premiere felicité. Lors qu'il eft
dans la fuperbe ville de Paris, les
plus horribles tempeftes ne feroient pas capables de l'efpou-
uanter. Elle eft veritablement
vn nauire, ainfi que nous monftrent fes arines: mais quand elle feroit la plus frefle du monde,
quel naufrage redouteroit-elle,
ayant non feulement fon Prince, mais auffi fa Fortune ? La Re-
more ne la retient point au milieu des eaux pour empefcher
fon voyage : & fi elle l'arrefte, ce
n'eft iamais qu'au port, où elle

luy rend ce bon office de luy seruir d'achre. L'on verra toufiours
la mefme chofe dans les autres
villes, fi le Roy veut feulement
s'en approcher, de forte que
puifque l'on connoift que fa
puiffance eft fecondee d'vne volonté qui va de pair auec elle:
les plus miferables n'auroient
point de raifon de defefperer
de leur falut. Sçachant que les
delais oftans la grace du bien-
fait, ceux qui l'ont receu
n'en demeurent point obligez,
puis qu'ils l'ont comme arraché
de violence: pour apporter du
fecours, il n'attend pas feulement que l'on l'en prie: & qui
plus eft quand l'on feroit tout
plein de mefconnoiffance, afin
qu'il ne femble point qu'il ait

fait des gratifications pour en
achepter l'inimitié en les repro-
chant apres : il ne se fasche que
de ce que l'on luy oste le sub-
ject d'en faire encore d'autres.
Certainement c'est vne chose
miraculeuse de voir qu'estant
en vne condition où il n'est pas
moins exempt de toutes sortes
de calamitez, que la plus haute
region de l'air le peut estre de
froidure, il les connoisse neantmoins comme s'il les auoit es-
prouuees, & soit touché de pitié
pour ceux qui les souffrent. Ie
trouue en cela des marques de
son incomparable esprit, & des
occasions d'obliger tous les
François à solemniser comme
vne feste le iour qu'il prist les
resnes de leur Monarchie. I'ay

encore tant d'autres perfections
à dire, que ie ne veux pas m'e-
ftendre dauantage fur celles
dont ie viens de parler. Il eft
temps que i'en declare deux autres qu'il ioinct infeparable-
ment à ces premieres, & où fa
Iuftice n'eclatte pas moins. C'eft
qu'il donne aux meschants la
punition de leurs fautes, & aux
bons la recompenfe de leurs
vertus. Ce font les deux Poles
fur lefquels tous les Eftats bien
regis fe doiuent fouftenir. Pour
parler du premier, le Roy s'en
fert fi à propos, que l'on voit
bien qu'il ne tient pas à luy que
par les fupplices exemplaires, il
n'empefche tout le monde de
s'adonner au vice. Quand il a re-
marqué quelque ame peruer-

D iiij

se, il l'a retranche du nombre de
celles qu'il a sous sa charge: d'autant que c'est comme vne chose
de mauuaise odeur, qui est parmy des parfums excellents, lesquels il est a craindre qu'elle ne
corrompe petit à petit. Il n'o-
ctroye point de remission à ceux
qui sont d'vn naturel si pernicieux que l'on n'en doit point
esperer d'amendement, de peur
que s'il les laissoit en vie, on ne
l'estimast coulpable des crimes
qu'ils commettroient apres: si
bien qu'il a les yeux bandez
pour ne point regarder les charmes des personnes qu'il cherist,
lesquelles luy osteroiét le foudre de la main, s'ils l'auoient gaigné. Toutefois pour mieux dire,
ie croy qu'il ne laisse pas de ietter

la veuë deſſus, mais que ſon eſprit eſt ſi conſtant & ſi fort, qu'il
n'en eſt pas pourtant diuerty de
ſes ſainctes reſolutions. En de
certaines occaſions qui arriuét,
il trouueroit bon de remettre
en vogue la loy de la Pareille,
qui ſuiuant vne ſeuere equité
en toutes choſes, ordonnoit que
l'on coupaſt le bras à celuy qui
l'auoit coupé à vn autre. Mais
quelquefois auſſi le criminel a
fait vn dommage ſi grand, qu'il
faudroit paſſer beaucoup au delà d'vn ſemblable, pour l'en
bien punir. Le Roy s'efforçant
de cette façon de reſmoigner la
haine qu'il porte aux meſchans,
móſtre combien il affectionne
les gens de bien, & les ſauue du
peril dont vne licentieuſe fu-

reur les menace quelquefois.
Ayant consideré cecy, qui est-ce
qui ne croit qu'il iouyra eter-
nellement de la gloire de ces
anciens Princes, dont la Iustice
est si remarquable, que ceux qui
sont outragez les reclament encore, afin de leur faire raison.
Quelle preuue n'a-t'il point
baillee de son incroyable vertu, lors qu'il a ordonné des supplices pour ceux qui poussez d'v-
ne passion barbare, se battent
en des duels, où le vainqueur
deuroit s'atrister d'auoir mis à
mort celuy qui seruoit vn mesme maistre que luy, & qu'on
pouuoit reputer comme son
frere, estant né en vne mesme
contree?Par ses Edicts judicieux
il tasche tous les iours de calmer

le courroux de ces boüillants
esprits, qui voudroient espan-
cher icy leur sang dont l'on ne
sçauroit estre trop auare, & pour
la perte duquel nous ietterions
des larmes en bien plus grande
quantité : veu qu'en arrousant
ainsi nostre terre mesme, il ne
sçauroit faire produire que des
espines, & que s'il arrousoit v-
ne terre estrangere pour vne
loüable occasió, il feroit naistre
de nouuelles fleurs, de beaucoup plus excellentes que ces
autres, en quoy fut autrefois me-
tamorphosé le sang de quelques hommes renómez. Toute
personne qui cónoist la beauté
du iugement de ce Prince, ne fera point difficulté de s'imaginer
qu'il a tenu de semblables dif-

cours sur ce suject à sa Noblesse.
A quoy songez vous chers amis
en faisant quelquefois des com-
bats pour vn mot qui bien souuent a esté proferé sans y penser, & s'enuole auec le vent sans
estre recueilly ? C'est vne maxime certaine que l'offence n'est
qu'en vostre opinion. Ne vous
tenez point touchez d'vne iniu-
re, & vous ne le serez point du
tout. Si ce que l'on vous impute
est vray, il faut vous taire, & tascher desormais de corriger de
telle sorte vostre vie, qu'on n'y
treuue plus rien à reprendre.
Que si tout est controuué, rien
ne vous importe en cela, puis
que vous viuez de telle façon
que vos ennemis seront recon-
nus menteurs, & diffamez de

tout le monde. Mais vous me di-
rez que le plus souuent il s'agit
de tout voftre honneur; qu'il y a
des chofes que vous ne vo9 pou-
uez ceder qu'auecque lafcheté;
& que pour vous lier ainfi les
mains, il faudroit vous rédre in-
fenfibles pluftoft que patiéts. A-
fin de ne point dóner de bornes
fi eftroites à voftre courage, ie
m'en vay vous apprendre ce
que ie vous permets la deffus.
Faites vn accord auec ceux que
vous hayffez, de vous ietter enfemble fur les ennemis de ma
couronne. Vous efpreuuerez
voftre valeur à leur ruine, non
pas à celle de voftre patrie, & re-
ceurez des honneurs bien plus
eftimables que celuy qui vous
abufe. Apres cela il fera fort ayfé

de vuider la contestation de vostre merite : & si l'vn de vous est
mort dans vn si celebre combat, il lairra iouyr l'autre auecque vn tiltre meilleur de ce que
vous desiriez tous deux. Si l'on
considere ces raisons de nostre
Roy, il faut auoüer que s'il a deffendu les duels , ce n'est pas
qu'il vueille appaiser les differents par les douces sentences
de quelques arbitres, & que son
courage ne soit Martial ; puis
qu'il donne vn conseil qui pourroit satisfaire nõ seulemét à vne
viue generosité, mais à la fureur
mesme d'vn homme dont la
mere auroit auallé du sang d'vn
Gladiateur vn peu auparauant
sa conception, comme celle de
Commodus , lequel se plaisoit

démesurément à l'escrime & au carnage. Il voudroit bien que l'on suiuist ses remonstrances en toutes les autres choses, pour ne tomber iamais en faute, & qu'il n'eust que faire de cette vertu qui l'induit à la punition. Aussi nous enflamme t'il le plus qu'il luy est possible aux actiós dignes de remarque, tant il est ayse de trouuer des occasions de donner des recompenses legitimes. C'est auec vn abus extréme que l'on peint la Iustice auec vne balance & vne espee seulement, comme si son office n'estoit que de punir les coulpables. On deuroit mettre encore aupres d'elle, vn vase remply de thresors, & des marques de quelques honneurs, destinez pour les person-

nes qui les meritent. Qui veut
eftre informé de cela, n'a qu'à
ierter les yeux fur le Roy, qui eft
l'exemple de toute forte d'equité. Il fe monftre fi liberal que
l'on voit bien que c'eft fon plus
grand foucy que d'amaffer des
cœurs, & que les iours qu'il n'a
rien donné, il f'imagine non feulement qu'il n'en a point acquis, mais auffi qu'il a manqué à
regner en quelque forte, croyant que c'eft fon office princi-
pal que de faire des dons. L'or
eft moins prifé que le dernier
de tous les metaux, lors que l'on
le garde auec auarice: Car il ne
fert à rien du monde à cette heure là, & nous ne pouuons pas
affeurer que nous en iouïffons,
qu'à l'inftant mefme que nous

en

en faisons la despence. Mais il
faut confesser que le Roy le possede tousiours, d'autant qu'il le
met sans cesse en vsage. Et si les
richesses n'estans ny bonnes ny
mauuaises de soy, prennent la
qualité que l'on leur baille, selon la façon que l'on les employe : qu'elle estime fera t'on
des siennes, dont il distribuë v-
ne partie à tous ceux qui le seruent, apres auoir employé l'autre à l'honneur de Dieu comme
i'ay dit tantost ? Qui plus est a-
pres auoir esté données, elles
sont plus à luy que iamais elles
ne furent : Car ceux qui les ont
receuës luy rédent en eschange
des deuoirs aussi aymables à
considerer que la splédeur d'vn
metal inutile, & ie puis dire que

E

elles ne leur ont esté baillees
qu'à cause qu'ils les gardét si seu-
remét qu'aucune fortune ne les
luy sçauroit faire perdre. Il ne
fait pas ses largesses sans regarder à quelle fin, en quel temps,
& en quel nombre elles sont. Il
ne faut pas mettre tousiours la
semence en vn mesme lieu. Il la
faut disperser, si l'on en veut tirer le fruict que l'on en desire:
aussi ne donne t'il pas tout à vn
seul, craignant de ne pas retirer
autant de seruices qu'il luy en
fera besoin; & si mesme il garde
vne mesure à monstrer ses ma-
gnificences enuers chacun, &
ne departit les recompenses
qu'à plusieurs fois, considerant
que quelque grandeur que
puisse auoir vn don, il n'est la-

mais côpté que pour vn eſtant
fait tout en vn coup : & que l'on
aymera touſiours mieux ces petites pluyes, qui tombent de
quinze en quinze iours en noſtre region temperee pour ar-
rouſer noſtre terre, que ce deſ-
bordement du Nil qui arriue v-
ne fois l'an pour rendre le pays
d'Ægypte fertile. C'eſt auec vn
tel iugement que le Roy fait la
diſtribution des biens, qu'il n'y
teſmoigne pas moins d'equité
que ceſt Empereur de Rome, lequel auoit vn liure où il eſcri-
uoit le nom de tous ceux qui luy
auoient rendu quelque ſeruice
conſiderable, afin de ſe ſouuenir
de les recompenſer. Il a vne memoire où il graue ſi profondé-
ment les bons offices quelques

petits qu'ils soient, qu'il n'a que
faire d'vn tel secours pour se les
remettre deuant les yeux. Que
ceux qui n'ont iamais rien receu
de luy ne troublent point leur
esprit de cette criminelle pen-
sée , qu'il vse enuers eux d'in-
gratitude : Car s'il ne leur fait
point de bien, ils doiuent croire
qu'ils ne meritent pas qu'il leur
en fasse, son esprit ayant trop de
capacité , pour ne faire pas vn
iuste choix de ceux qu'il veut a-
uancer, ou bien il faut qu'ils s'i-
maginent tout au moins, qu'il
s'apperçoit que l'abondáce des
possessions estoufferoit la viua-
cité du desir qu'ils ont de le seruir glorieusement, ne plus ne
moins que le trop de nourritu-
re abastardit le courage d'vn le-

urier genereux : ou qu'il y a
quelqu'autre obstacle qui s'op-
pose à sa liberalité. Et veritablement il appelle aux charges de
son Estat des personnes si dignes d'vn tel honneur, qu'elles
font mourir l'enuie dans les
courages de ceux qui aspiroient
au mesme degré. S'il est vray
qu'Amphion ayant attiré apres
soy au son de sa lyre vne infinité
de pierres, qui se gardoient de
s'approcher tout contre luy, par
vne respectueuse crainte de l'ac-
cabler, les ait forcees de s'arren-
ger l'vne sur l'autre pour bastir
les murs de Thebes : Qui est ce
qui aura de la peine à se figurer
que tant de personnages illu-
stres qui ont les affaires en ma-
niement, se trouuans pourueus

d'vn sçauoir capable de rendre
des effects miraculeux, n'ayent
aussi bien la puissance de de-
struire les murs de toutes les villes qui refuseront l'hommage
& l'entree à leur Seigneur naturel? N'ont ils pas vne parole plus
diuine qu'humaine ? Et leurs
conseils ne doiuent ils pas estre
mis au rang de ceux de Cyneas,
qui sousmettoit plus de villes
au Roy Pyrrhus , que tous ses
gensd'armes ensemble ? Mais
s'ils sont au lieu que leur merite
leur acquiert, ceux qu'on trouue remarquables pour vne insigne vaillance, y sont placez auec
autant de facilité. Ce n'est pas
icy que les courtisans n'amas-
sent que des regrets & des re-
pentirs qui leur font blanchir

le poil auant la saison, & n'ont
que des fumees pour leurs mets
ordinaires. Le Roy reconnois-
sant ces hommes genereux
qui estans tous couuerts de
playes dans le combat, croyent
se mieux porter que s'ils estoiét
sains en la fuite, leur donne des
charges proportionnees à leur
valeur. Et s'il aduient par le de-
stin changeant des armes, qu'ils
ne se puissent deffendre de la
mort, il en fait paroistre vn tel
ennuy, qu'ils ne l'estiment pas
moins que le plus rare prix dont
il puisse payer leur vertu. La connoissance qu'ils ont d'vn ordre
si reiglé, a faict dés long temps
que leurs volontez ont vn commun object : ce qui les maintient en vn bon accord, & les re-

E iiij

tire de ces duels que i'ay desia
blasmez: de sorte qu'ils peuuent
composer des armees dont les
efforts seront inuincibles : au
contraire de ces hommes de
guerre qui estans amassez en
peu de iours, ne sont pas con-
nus ny placez aux lieux qu'ils
meritent, & se destruisent l'vn
l'autre pour leurs contentions;
ce que les Poëtes nous ont voulu signifier par ces soldats qui
s'entretuerent deuant Cadmus,
apres estre sortis de terre en vn
moment. Nous remarquons en
cela que Pompee s'estant vanté
de n'estre pas plus de temps à
leuer vne armee qu'il luy en
faudroit pour donner vn coup
de pied en terre, n'auoit pas songé au desordre qui deuoit ren-

dre cette puissance presque inutile. Quant à la nostre, on n'a
que faire de s'y seruir d'vn des
meilleurs conseils de Nestor,
qui s'essayoit de persuader aux
Grecs, de diuiser leurs compa-
gnies selon leurs lignees & leurs
plus estroites alliances, afin
qu'ils craignissent l'vn pour
l'autre, & fussent plus prompts à
s'entresecourir. Tous nos soldats
sont liez ensemble d'vne mu-
tuelle affection, qui surpasse en
force celles que l'on prise le
plus, si bien qu'il n'y en a pas vn
qui ne soit si ardent à conseruer
la vie de ses compagnons, que si
la coustume de donner des cou-
ronnes Ciuiques estoit icy en
regne, ils en pourroient obtenir
chacun autant que Cincinius

Dentatus le plus braue de sa nation, qui en auoit gaigné qua-
torze. Mais aussi les honneurs
qu'ils reçoiuent estans suffisans
de rendre valeureuse l'ame la
plus lasche, quels effects n'ont-
ils point sur ceux qui sont desia
remplis d'vne hardiesse extresme? Les François sont autant
d'Achilles nourris de moüelle
de Lyon. Ils tesmoignent qu'ils
sont seuls dans le monde qui
peuuent prendre à bon droit le
tiltre de nobles, & ne sont iamais plus aises que quand ils
ont la cuirasse sur le dos, s'ima-
ginás que cette sueur d'Alexandre qui rendoit vne senteur
tresdouce, ne venoit que de ce
qu'il estoit aimé souuent, &
qu'il leur sera possible de suer

ainſi , pour parfumer tout le
monde des odeurs de leur gene-
roſité. Auſſi ne veulent-ils iamais quitter leurs armes, les e-
ſtimans comme les membres
du ſoldat. Autrefois ils ont eu
tant de confiance en leurs pic-
ques , qu'ils ſe vantoient que
tous les lieux où ils les pourroient coucher de leur long
leur appartiendroient , & non
ſeulement ils en deffioient toutes les puiſſances de la terre, ſe
promettans de l'en meſurer de
cette ſorte, mais encore ils ſe fi-
guroiét que nouueaux Atlas, ils
en pourroient ſouſtenir le Ciel,
s'il tomboit deſſus eux. Paraué-
ture ces diſcours là eſtoient ils
trop temeraires pour alors, mais
auiourd'huy ils auroient plus

d'aparence de raison. Les soldats
François n'estans capables que
de donner de la peur & non
point d'en receuoir, ne deman-
dent le nombre de leurs ennemis, qu'afin de sçauoir combien
de triomphes leur sont infailli-
bles. Ils voyent que la mesme
destinee qui les a mis au monde
les a obligez à en sortir, & parce
que c'est de la fin que la gloire
de toute vne vie despend, estans
gardez de la posseder tousiours,
ils veulent chercher vn digne
suject de la perdre, & a n'en
point mentir, en se proposant
de seruir le Roy, ils en trouuent
vn si capable de satisfaire a des
desirs semblables aux leurs, que
ie ne doute point que ceux qui
sont morts le plus genereuse-

ment aux siecles passez, ne leur
portent enuie, & ne souhaitent
de reuiure pour remourir apres
auec eux, & participer à leur
gloire. Ils sont indomptables
nos guerriers, & leur merite va
bien au delà de celuy de tant
d'autres anciens, qui auoient à
ce que l'on raconte des corps
qu'on ne pouuoit blesser. Quelle estime doit on faire de ces
gens là qui se mettoient possible dans les perils, non parce
que leur courage naturel les
leur fist mespriser, mais parce
qu'ils estoient asseurez d'en e-
stre miraculeusement guaran-
tis. C'est en l'ame tout au côtrai-
re que les François sont inuul-
nerables: quant à leur corps, ils
le mettent tellement à l'auantu-

re, qu'il est quelquefois tout
couuert de playes : & neantmoins ces belles ames ne s'estiment pas encore vaincuës ; elles
sortent de leur demeure estans
encore touchees d'vn vif desir
d'auoir leur reuanche. Si quelqu'vn me veut reprendre de ce
que ie dy , & me persuader que
c'est vne digression inutile de
publier les vertus des François,
m'estant proposé de ne parler
que de celles de leur Prince,
qu'il sçache que les merueilles
que i'ay racontees appartien-
nent à nostre Roy. Si ses soldats
font de belles actions, la gloire
ne luy en est elle pas deuë, veu
que c'est luy qui les y a portez
par l'espoir qu'il leur a baillé
de recompenses inestimables?

L'on peut dire que comme Dieu
a donné l'ame à leur corps, il a
donné la vaillance à leur ame.
Ne soyons point si ingrats que
de refuser à son accueil gra-
tieux, l'hôneur de tout ce qui se
fera de loüable en son Royau-
me, en quelqu'autre condition
que ce soit. Mais puis qu'il nous
monstre qu'il faut si bien re-
compenser la valeur, de quelle
façõ recõpenserons nous la sien
ne, qui s'estudie tous les iours
à se voir en tel Estat qu'on n'y
puisse rien souhaitter ? On ne
doutera point que cette insigne
vertu ne tienne vne eternelle
compagnie à sa Iustice, veu que
i'ay asseuré qu'il s'est rendu le
Monarque le plus accomply du
monde, & qu'il ne sçauroit l'e-

ftre fans auoir vne qualité la
plus neceffaire de toutes. La
plus grande pompe qui fuft en
la creation de nos anciens Roys,
eftoit de les efleuer fur des bou-
cliers, & c'eftoit pour faire voir,
qu'il faloit que toutes leurs ceremonies tinffent du Martial,
fans auoir rien d'effeminé & de
mol, ainfi que dans Sparte où
mefme les ftatuës des Dieux e-
ftoient armees, & que le nou-
ueau Prince fe fouuint que c'e-
ftoiét les armes qui l'efleuoient
à fa dignité, & que pour la con-
feruer, il les deuoit auoir d'autant plus en eftime. Dauantage
il y a à remarquer en cela, que
fils preferoient le bouclier à
tout le refte de l'equipage du
gendarme, c'eft pource que les
sages

sages Capitaines doiuent songer à se conseruer eux mesmes,
auparauant que de s'efforcer de
ruiner le party contraire. Aussi
apelloit on plustost aiax le bouclier des Grecs que leur espee.
Et c'est vn mot commun, qu'il
vaut mieux sauuer la vie à vn
des siens que de tuer mille
ennemis. Le Roy qui est assis
au mesme throsne où ces anciens Princes se sont veus autrefois, est muny d'vne pareille vaillance, afin de main-
tenir l'Estat pour le moins aussi florissant qu'ils faisoient. Il
sçait bien que si la vacation
militaire est celle-là seule que la
Nature fait prendre aux Nobles, il est d'autant plus obligé
de s'y addonner, qu'il est le Chef

de toute la Nobleſſe. Auſſi cou-
ure-t'il inceſſamment ſa Couronne d'vn bouclier qui ren-
uoye les dards ſur ceux-là meſme qui les ont iettez. Iupiter
(dans le Poëte Grec) eſtant en
courroux contre les autres
Dieux, les deffie de le deſplacer
de ſon throſne, quand ils le tire-
roient tous enſemble de la terre auec vne chaine d'or, & leur
proteſte que quant à lui, il pourroit ſſil en auoit enuie, les eſle-
uer tous à ſoy auec la terre & la
mer, par le moyen de la meſme
chaine. Il faut tenir pour certain que c'eſt vn preſage d'vn
ſemblable pouuoir qu'à noſtre
Roy nompareil. Car quand tous
les plus grands de la France &
du reſte du monde, auroient en-

trepris de le tirer hors de sa dignité par la force de leurs armes, & par celle de leurs richesses, qui composeroient vne e-
strange chaine, ils ne l'esbransle-
roient pas seulement, & s'il vouloit il les ameneroit vers luy
auecque leurs Estats, qu'il
pourroit bouleuerser à sa dis-
cretion, se seruant sans se remuer quasi des mesmes instru-
ments de leur fureur. L'inge-
nieux Archimede se vantoit
bien de pouuoir remuer tout
l'Vniuers, & le porter où il
voudroit, s'il estoit en vn lieu au
dehors où il y eust place à mettre ses machines, dont la premiere roüe facile à tourner, en
faisoit aller vne autre plus forte,
& ainsi des autres suiuantes, ius-

qu'à leuer le plus pesant faix
que l'esprit se figure. Le Roy ne
peut il pas aussi faire ioüer des
ressorts qui accableront ses ennemis, comme les Geants sous
la ruine des montagnes qu'ils a-
uoient esleuees l'vne sur l'autre.
Les preuues qu'il en a donnees
sont si manifestes pour oster
toute occasion d'en douter, que
ceux qui ne le confessent pas
franchement, sont touchez d'v-
ne opiniastreté punissable, &
monstrent qu'ils desirent sans
suiect qu'il luy arriue des tra-
uerses plus importantes que les
premieres, pour n'auoir plus de
croyance mal asseuree. Il s'est
tousiours porté auec vne generosité sans pareille aux lieux où
l'on a mesprisé son authorité, &

où ſes deſſeins ont vtilement
reüſſi. Vne ſemblable fortune
luy fuſt arriuee quand il euſt
fait la guerre auſſi bien aux con-
ſciences qu'aux rebellions, ſans
ſonger qu'ordinairement la foy
ne ſ'enſeigne pas à coups de ca-
non, mais par des douces re-
monſtrances, & ſ'appuyant ſur
l'aduis d'vn S. Docteur de l'E-
gliſe, qui dit, Qu'heureuſe eſt la
contrainte qui nous oblige à
faire mieux. Il nous a confirmez
en ceſte opinion, que les armes
des indomptables guerriers
fleuriſſent par tout où elles ſe
trouuent. La maſſe d'Hercule &
la lace de Romulus miſes en terre, l'vne à Trœzene & l'autre à
Rome, pouſſerent des reiettons.
De la premiere il ſortit vn Oli-

uier, & c'est vn signe que la paix
prend sa naissance du trauail.
Nous esperons aussi qu'vne
tranquilité parfaite sera la riche
moisson de tant de peines que
le Roy a semees. Son courage
n'est point de ceux qui n'ont
qu'vne boutade prompte, laquelle se termine incontinent,
& tire ses desseins du berceau
pour les mettre à l'heure mesme au cercueil. A la maniere de
ces arbres qui tant plus l'on
coupe leurs branches, tant plus
ils en repoussent, ses loüables
propositions s'augmentent à
mesure qu'on luy retranche les
moyens d'en executer quelques
vnes, & toußiours on les trouue
constantes iusqu'à leur accom-
plissement. Les dangers ont si

peu de pouuoir de luy donner
de l'estonnement qu'ils ne l'em-
peschent pas de perseuerer, se
representant que ce sont les de-
grez par où l'ó mōte au siege de
la Gloire. Ie n'oserois quasi dire
que l'esprit de Dieu luy reuele
le bon succez qui doit couron-
ner toutes ses entreprises, & que
cela l'excite à les poursuiure, ce
seroit faire tort à sa valeur qui
perdroit son merite de ceste façon. Il n'est parauenture animé que de la confiance qu'il a
en ses forces, sans tomber toutefois dans la temerité. Quicon-
que sçaura les rares qualitez qui
sont les causes de ces merueil-
leux effets cessera de les admirer,
& dira qu'estant si parfaict il ne
pouuoit rien produire de moin-

dre. Les fatigues dont vne personne priuee nourrie dans les
miseres de la pauureté seroit in-
commodee en peu de iours, luy
sont si douces à supporter, qu'il
faut que les Elements ayent eu
des deffences de luy nuire, ou
qu'il ait vn corps d'vne consti-
tution meilleure que les autres,
pour n'estre point offencé de
leurs iniures ordinaires : ou ce
qui est plus vray semblable,
qu'il ait yne ame du tout diffe-
rente des communes, laquelle
soit armee d'vne patience inuincible. Qui plus est il semble
qu'il ne treuue du repos qu'à
troubler le sien, ie ne dy pas seulement en des lieux où il soit
touché de soucy, mais aussi lors
qu'apres auoir dompté la furie

de quelque tempeste, il luy est
permis de iouyr des douceurs
du calme dedans les superbes
Palais. Il veut tousiours tenir en
haleine sa valeur, & si l'on n'e-
stoit asseuré qu'elle est immuable, l'on croiroit qu'il en conti-
nuë les exercices, de peur qu'en
les quittant elle ne fust de mesme que les armes, qui s'enroüil-
lent quand l'on ne s'en sert
pas. La vaine pompe ne luy
plaist point: ce n'est pas par ces
ornements exterieurs qu'il desire de paroistre. Il ne porte que
les vestements qu'il est forcé
d'auoir, pour garder que le vulgaire ne mesconnoisse la dignité de sa personne, & se mocque de toutes ces autres super-
fluitez, dont les plaisirs se

passent en moins d'vn rien, & ne
nous laissent que l'indigence. Il
se separe tant qu'il luy est possible de l'humeur de ces hommes
stupides, qui estoient des goul-
phres insatiables, où il faloit
ietter tous les animaux du monde, & qui ne trouuans du goust
aux viandes qu'à proportion du
coust, & du trauail qu'on auoit
à les apporter, n'aymoient les
poissons que lors qu'ils estoient
loing de la contrée maritime.
Si quelque homme moindre
que le Roy, faisoit paroistre la
mesme temperance, ie ne mettrois point cela au rang des mi-
racles : car il y auroit à presumer
que ce seroit par le defaut de
pouuoir qu'il s'abstiendroit de
suiure les voluptez, mais luy qui

void à sa volonté tout ce qu'on
se peut imaginer de delices,
quelle incroyable chose est ce
de trouuer qu'à peine les con-
noist il de nom? Quant aux ba-
lets & aux autres magnificen-
ces, à quoy plusieurs Princes se
font trop amusez en leur oisiue-
té : il ne les regarde que comme
en passant, & ne se met iamais à
en faire que pour plaire aux Da-
mes, dont le contentement a
tousiours esté considerable aux
esprits genereux. Il ayme bien
mieux courir la bague & s'addonner à d'autres exercices
dont il emporte tousiours le
prix, monstrant qu'il est destiné
pour vaincre en toutes choses.
La chasse qui est vne vraye image de combat, a eu aussi le cre-

dit de se faire aymer de luy, &
lors qu'il s'y occupe ie ne fay
point de doute que la diuinité
qui preside aux bois, n'éuoyast
incontinent les bestes dedans
les rets, ou deuant luy pour en
estre frappees, si elle ne vouloit
accroistre le plaisir de la prise
par vn peu de trauail souffert
auparauāt. O qu'heureux seroiét
ces animaux s'ils auoiét le senti-
ment assez bō pour recónoistre
qu'ils sont mis à mort par celuy
qui augmenteroit la gloire des
plus heureux Capitaines, en les
faisant mourir ainsi de sa main!
Il se plaist aussi ordinairemēt à la
chasse à l'oiseau, & ce n'est pas ce
me semble sans vne apparente
raison: car cette chasse a quelque chose de diuin. On leuc

tousiours les yeux vers le Ciel,
où les hommes deuroient incef-
famment regarder, puis que la
Nature ne les a fait droicts que
pour ce suiect, & s'il est permis à
nostre creance de prendre des
augures des choses fortuites,
l'on peut comme les Anciens
presager l'aduenir par le vol des
oyseaux ; & ceux qui voleront
deuant le Roy, ne viendront iamais qu'en vn nombre tel
qu'on pourroit desirer, & d'vn
costé tres-heureux pour luy pro-
nostiquer de bonnes auantures.
Veritablement il ne se faut
point esmerueiller s'il affectionne tant la chasse, veu qu'il a l'esprit deliuré de toutes impure-
tez amoureuses, & que tous
ceux qui ont esté chastes nous

sont representez dans les liures
comme de grands chasseurs. Ie
sçay que les nœuds de l'Hyme-
née l'ont attaché à vne incomparable Princesse, dont il estoit
seul digne en l'Vniuers, & que
la Nature ayant deliberé dés
long temps de les conjoindre,
a rendu leurs ames conformes,
ce qui apparoist en leurs visages
où l'on trouue beaucoup de ressemblance : De sorte que ce seroit estre sans Iugement que de
ne pas croire qu'il la cherist a-
uec vne affection qu'on doit
mettre au dessus de toutes les
autres. Neantmoins ie puis bien
asseurer que sa chasteté est aussi
nette que iamais, & qu'il ne se
laisse point aller à ces desirs trop
vehemens que peuuent don-

ner les sens corporels, mais que
seulement il souhaitte de pouuoir laisser vne posterité de soy.
Son affection est masle, & pour
la representer il faudroit peindre vne Venus armee, comme
l'on la fit anciennemét, Quant à
ces beautez qu'il voit tous les
iours, encore qu'il semble que
la Deesse de Cypre ait de party
entre elles, les charmes de son
Ceste, si est ce qu'il leur oste
la gloire qu'elles croyoient
posseder, d'auoir aussi tost attiré
tous les cœurs que tous les yeux.
Estrange miracle! que l'amour
qu'on ne sçauroit empescher
d'habiter auecque la ieunesse sa
sœur inseparable selon les loix
naturelles, n'ait point accompa-
gné la sienne, bien qu'elle soit

assistée d'vne authorité capable
de faire reüssir leurs plus hardis
desseins. Il pardonneroit bien
cette passion aux personnes pri-
uées, non pas à luy qui ne doit
estre possedé que de celle de la
conseruation de son Estat ; Et
l'on a beau dire qu'elle n'appartient qu'aux plus grands courages, il reconnoist que c'est vne
erreur introduite par ceux qui
ne l'ont peu fuyr, & qui pour se
rendre excusables ont feinct que
leurs Dieux en estoient aussi
vaincus. Comme elle est vn feu
subtil qui s'allume en nous par
le moyen de nos yeux exposez
de mesme qu'vn miroir ardent
aux rayons d'vn beau Soleil: vn
cœur de fer mesme en pourroit
estre amoly ; & destiné de sa
premiere

premiere force. On ne sçauroit
discerner si elle est la fille ou la
mere de l'oisiueté:car si ordinairement elle s'engendre alors
que l'on se tient à rien faire, elle nous retire aussi du trauail
tant qu'elle peut depuis qu'elle
s'est accreuë, se rendant maistresse absoluë de la maison où
l'on ne luy auoir donné entree
que par hospitalité: mement
que ceux qui ont pro quelque loüable entreprise, doiuent
tascher de l'amortir quand elle
n'est encore qu'vne petite estin-
celle.Le Roy a esté trop exact à
considerer les euenemens des
choses pour laisser en arriere
ceux-cy, & ne faire pas proui-
sion de froideurs qui triom-
phét de cette chaleur.Que ceux

qui attribuent entierement à
l'insensibilité le mespris de l'A-
mour, apprennent de luy qu'il y
a encore vn autre extresme
dont vn mesme effect prouient.
C'est la continence qui ne rend
pas moins vuide de passion vne
ame d'Ange comme la sienne,
qu'vne ame de rocher le peut
estre. Mais si cette admirable
temperance est cause que nous
luy voyons mettre à fin de si
hauts exploits par les armes, il se
remarque en luy vne autre Vertu qui n'y sert pas moins. Lors
que ie croy estre sur la fin du de-
nombrement de toutes, i'en
treuue de nouuelles à l'impour-
ueu, qui me fournissent vne
plus ample matiere de parler.
Voicy sa prudence infinie qui se

presente à moy pour estre mise
au rang qu'on ne luy sçauroit
desnier. Elle est comme l'Eternel contrepoids qui maintient
sa valeur en bon estat, & l'em-
pesche de tomber en vn excez
vicieux. Par son ayde il entre-
prend ses affaires si à propos,
que de toutes les sortes de fas-
cheries du monde, il n'y en a
point dont il soit moins inquie-
té, que de celles qui naissent du
repentir. La preuoyance qu'il a
n'est pas celle que peuuent
auoir ceux qui inuentent de
mauuaises propositions, & laquelle on doit appeller malice.
Les esprits qui l'ont acquise,
sont comme ces quadrans que
l'on monstre à la chandelle, lesquels marquent bien quelque

heure, mais non pas celle qu'il
est veritablement alors. Il les
faut expoſer au Soleil pour n'e-
ſtre plus trompé de la ſorte. L'eſprit du Roy qui eſt eſclairé de la
vraye lumiere, n'abuſe point
par ces faulſetez. Toutes les in-
tentions regardent ſi droite-
ment le bien du public, qu'il y a
du peril à ne les ſuiure pas, &
l'on void touſiours les naufra-
ges ſe faire au lieu dont il nous
a retirez. D'vne ſource ſi belle il
ne peut ſortir que des ruiſſeaux
qui donnent la ſanté à tout le
monde. Queſi dans vne certaine ville l'on receuoit le conſeil
d'vn homme meſchant, apres
qu'on l'auoit fait propoſer en
meſmes termes par vn homme
de bien, ne plus ne moins qu'on

treuue la liqueur agreable
quand elle est presentee dans
vn vase plus net que le premier
quel accueil doit-on faire à des
aduis qui sont non seulement
salutaires d'eux-mesmes, mais
aussi qui sont offerts par vne
personne non moins remplie
de candeur que de majesté, qui
les a conceus proprement en
soy. On dit qu'il y a vne pierre
qui estant enchassee dans vn anneau eschauffe le doigt de celuy qui la porte, quand quelque
venin est proche de luy. Et ie
croy que de la mesme façon le
Roy à vn certain Genie qui ne
manque pas à luy faire vn pareil aduertissement, lors qu'il y
a quelques mortelles pratiques
contre son Estat, pour l'esmou-

uoit à y remedier. Mais parauenture ceux qui font furpris
d'vne ftupidité fi grande, qu'ils
ont iouy de la douceur des
fruicts fans auoir pris garde
qu'ils en ont goufté, n'adioufte-
ront point de foy à mes dif-
cours, ne pouuans comprendre
comment il fe peut faire qu'en
des vertes annees où le Roy a
pris le fceptre, on ait veu tant
de maturité. Ils me reprefente-
rót que felò l'opinion cómune
l'experiòce feule eftla mere de
la prudence, & pour refuter cette maxime, ie ne leur repartiray
rien finon qu'ils regardent ce
qui eft aduenu au contraire. Da-
uátage ie ne leur celeray point,
que malheureufe eft cette prudence qui ne vient qu'apres.

que l'on a experimenté les choses. Quoy le Medecin ne con-
noiſtroit-il les remedes qui ſont
nuiſibles, qu'apres les auoir or-
donnez ſans eſlection, & en a-
uoir fait mourir pluſieurs mala-
des? Ah Dieu, ſi cela eſtoit &
qu'on ne l'eſtimaſt point vne
miſere, ie ne ſçay à quelle choſe on donneroit ce tiltre. Il faudroit qu'vn Prince euſt des Roy-
aumes infinis, & qu'en ayant
perdu pluſieurs par ſa faute, il
appriſt comment il deuroit de-
fendre le reſte. Mais le Ciel ſçait
bien aſſurément mettre ordre à
cela, car il permet que par la
conſideration de ce qui ſeſt paſſé, laquelle nous eſt donnee
par les liures, ou par les enſei-
gnemens de celuy qui a eſprou-

ué beaucoup de choses, nous
entrions en la conjecture de ce
qui doit arriuer apres, ayans
deux visages comme Ianus. Entre ceux qui vont à vne eschole
si profitable, il y en a tousiours
quelques-vns qui se rendent
sçauants par la bonté naturelle
de leur esprit & par leur trauail.
Mais il s'en peut trouuer d'autres, fort rarement toutesfois,
qui ne sont pas si fort en peine
de recourir à tant de preceptes,
ayas en eux mesmes vne sagesse
preparee à toute sorte d'occur-
rêces, & les Roys ont coustume
d'estre de ce nombre plustost
que le reste des hommes, d'autant que la Iustice de Dieu
pourroit que ceux qui doiuent
côduire les autres, aient vne sort

bonne veuë. On n'attend point
que la reuolution du temps les
ameine à perfection, ainsi qu'elle y ameine toutes choses. Leur
ieunesse est si tost passee qu'on
n'a pas le loisir de la remarquer.
Mais si leur esprit est desia en
fleur quand les autres sont encore en bourgeon, ie puis asseurer que celuy de nostre Monarque produit desia des fruicts
quand le leur n'a encore que
des fleurs. Car entre tous les
Princes de la terre, il est celuy à
qui ce don de sagesse a esté plus
liberalement departy. Et si nous
suiuons l'opinion de quelques
Philosophes, qui tenoient qu'-
auparauant que de venir voir la
lumiere du iour, nos ames ont
appris au Ciel tout ce qu'elles

doiuent apprendre sur terre, & qu'elles en sçauent d'autant plus qu'il leur en a esté là enseigné, comme par le ressouuenir d'vne chose oubliee : il se faut figurer que l'ame de ce sage Prince, à veu autrefois les Idees de tout ce qui est de parfait au monde, & principalement des meilleures façons de gouuerner son peuple; & que mesme il luy a esté permis de lire ces grandes tables d'airain où sont escrites du doigt de la Diuinité les immuables destinees, afin d'estre fourny d'vne prudence accomplie ayant connoissance de l'aduenir. Tellement que l'ordre admirable qui esclatte iusques en ses plus petites actions, vient comme de la me-

moire qu'il a de son sçauoir paf-
sé. Que l'on quitte à cause de
luy l'aduis des Lacedemoniens,
qui estimoient que l'on ne pouuoit bien commander sans a-
uoir obey auparauāt pour estre
bien experimenté, & soufmet-
toient pour cette occasion aussi
bien les enfans de leurRoy, que
ceux des plus simples citoyens,
à des loix infiniment rigoureu-
ses. Il sçait iusqu'à quel degré les
commandemens sont raisonna-
bles sur les suiects, sans l'auoir
iamais esté, & c'est en de semblables choses que l'on void les
effects de sa prudence celeste,
laquelle à n'en mentir point depuis les affaires diuerses qui se
sont presentees, à bien eu le
moyen de deuenir par l'expe-

riece plus gráde qu'elle n'estoit
lors que le dõ luy en fut fait, s'il
est possible que ce qui est extréme reçoiue de l'accroissemét. Ie
ne veux pas nier aussi que les
Arts & les Sciences ne luy ayent
pû apporter quelque profit: car
son esprit n'a pas refusé l'humaine culture qu'il a receuë;
mais qu'on ne pense pas qu'il
se soit amusé à tant de do-
ctrines inutiles , dont les Pro-
fesseurs trop curieux doiuent
estre taxez d'vne vanité desme-
suree. Il n'a voulu s'adonner
qu'à ce qui luy estoit euidem-
ment necessaire, pour exercer
l'office qu'il a pris , tenant pour
maxime que c'est la plus loüable science, que celle qui nous
apprend à nous connoistre

nous mefmes, & à faire noftre deuoir. Platon ne fouhaitoit pas que fes Roys Philofophes en euffent vne autre. A la verité il f'offre beaucoup d'occafions où pour le bien de l'Eftat il eft befoin de fe feruir de plufieurs Arts moins nobles, mais vn Prince n'eft pas obligé de les fçauoir. C'eft affez qu'il ayt quantité d'hommes auprès de luy qui les fçachent, & qui l'affiftent en cela. L'artifan n'eft pas tenu de faire fon ouurage auecque fes mains mefmes, il fuffit qu'il ayt des inftruments qui le faffent. Neantmoins il eft loüé de tous leurs effects, parce qu'il leur a comme enioint de les produire. Auffi vn bon Prince acquiert la gloire de tout ce

que peuuent executer ceux qui
font les refforts dont il fayde
en fes deffeins, defquels il eft
comme l'efprit, & leur donne le
branfle apres les auoir difpofez
en ordre. On dict que fi les
grands ayment vn Art, ils font
caufe que plufieurs s'y occu-
pent en leurs terres. Mais le
Roy ne donne pas fon affection
à vn feul, ayant vn efprit vniuer-
fel, il les cherit tous enfemble:
de forte qu'il a rendu en chacun
plufieurs de fes fujects tres-
expers. Les lettres luy feront
toufiours redeuables du bon
accueil qu'il leur a fait, iufques
à prendre la curiofité de voir
dans fon Louure mefme l'Im-
primerie, qui n'eft que leur fim-
ple feruante. En recompenfe de

l'auoir si dignement logee, elle
s'efforcera de le placer vn iour
dedans le Temple de la gloire,
Et comme elle est fille du
Temps qui la engendree à
pres beaucoup de siecles, les
charmes de l'amour paternel
qu'il luy porte, auront la puissance d'empescher qu'il ne de-
struise la reputation du miracle
des Roys, qu'elle semera par
tout auecque ses faicts heroï-
ques. Le renom des victoires est
eternel; ce que l'on veut monstrer par les palmes qui en sont
les recompenses. Car le Palmier
poussant vn rameau à tous les
renouuelleméts de la Lune, ac-
complit le nombre des mois
que le Soleil est à visiter le Zo-
diaque, & pour ce suiect signifie

l'annee aux lettres hierogliphi-
ques: de sorte que l'on monstre
par les branches dont l'on est
enuironné, le pouuoir que l'on
a sur la reuolution des siecles, la
memoire de ses actions poussant toussours des rejettons de
temps en temps ; & que dauantage cette reputation s'estend
iusques par tous les endroits
qui sont esclairez des deux pre-
miers flambeaux du Ciel, dont
l'on marque le cours par la naif-
sance compassee de sa gloire
nouuelle. Mais il est certain
que ces beaux arbres se mour-
roient, si ceux qui ont la teste
couronnee d'vn laurier toufiours vert, ne prenoient le soin
de les faire fleurir aussi, en les arrousant d'vn nectar qui les rend
immortels.

immortels. O sagesse extréme
d'vn Prince d'auoir donc obligé
les plus celebres plumes du
monde à descrire ses faits, qui
ne seroient vtiles sans cela
qu'aux hommes de ce siecle,
& ne seroient pas laissez à ceux
de l'auenir pour vn remarquable exemple. Il a peu connoistre assez facilement l'affi-
nité qui est entre les armes &
les lettres, & les plaisirs reciproques qu'ils se font : car
la campagne où Mars s'exerce aux plus sanglantes trage-
dies, & le mont où Orphee fils
d'Apollon se donna de l'ombrage par les forests qu'il atti-
ra à l'entour soy auec ses melo-
dieux accens, sont tous deux si-
tuez au pays de Thrace. Apres

H

ces merueilles où le Roy donne
à connoistre son iugement
nompareil, ie parleray encore
d'vn diuin rejetton de son courage : de cette clemence signa-
lee qu'il se plaist tant à exercer,
qu'il reçoit vn ennuy extresme
lors que ceux qui l'ont offencé
le plus sensiblement, se meurent auparauant qu'il la leur ait
fait reconoistre, ne cherchât rié
que les occasions de la môstrer.
Il considere sans cesse que l'humanité est naturellement propre à l'homme, qui doit estre
touché d'amour & de pitié pour
son semblable, & que la loy
qu'elle donne, auecque celle
que faict obseruer la pieté enuers Dieu, sont les deux reigles
generales, en suiuant lesquelles

il n'est pas poſſible de manquer
à ſon deuoir. Or comme pour
punition d'vn vice auquel nous
nous ſommes abandonnez, le
Ciel permet que nous en acque-
rions encore vn autre: ainſi pour
recompenſe de quelque vertu
que nous auons ſuiuie, il ordon-
ne que nous en ayos encore vne
qui ne ſoit pas moins eſtimable.
Et la clemence ſe done preſque
touſiours aux valeureux, parce
qu'ils ne craignent rien, & n'ont
pas plus d'inquietudes pour a-
uoir laiſſé leurs ennemis au
monde. Ce ſont les perſonnes
timides qui ſe plaiſent à la cru-
auté, n'eſtans pas encore aſſeu-
rees que leurs ennemis ſoient
morts, apres leur auoir fait ſouf-
frir des ſupplices, qui leur euſ-
H ij

sent oste dix mille vies fils en
eussent eu autant. Le Roy se
contente d'auoir monstré qu'il
a pû se vanger, & tesmoigne
qu'il croit qu'octroyer facilement le pardon, c'est vn acte
qui tient de la diuinité, au lieu
que de surmonter autruy, c'est
vne chose possible à l'homme,
& mesme aux bestes, & que de se
vanger, c'est seulement le propre de la brutalité. O quelle
gloire il reçoit de vaincre, non
pas ceux qui ont coustume d'e-
stre vaincus, mais celuy qui a accoustumé de vaincre les autres!
C'est luy mesme que ie veux dire qu'il surmonte, afin de triom-
pher par deux fois. La Raison tenant l'Empire sur les esprits, a
mis aux fers les mauuaises pas

fions qui luy font vn traictement pareil, quand elles peuuent vſurper le gouuernement,
& rendent les bonnes inclinations tellement aſſoupies, que
tout ce que l'on fait, c'eſt comme ſi l'on cheminoit en dor-
mant, & ſans autre conduite
que celle d'vne reſuerie inſeſee.
Il n'eſt pas beſoin que pour de-
terminer ce qui ſe doit faire de
ceux qui l'ont offencé, l'on luy
preſcriue vn certain delay : car
il faut ſi peu de temps pour ap-
paiſer les mouuements de ſa
colere, que i'oſe bien dire qu'ils
ne s'eſleuent point en luy. Tout
au plus il fait punir les princi-
paux chefs d'vn rebelle party,
eſtant ſatisfait lors qu'il a donné de la peur aux autres, qui

croyans qu'on ne les a pas ap-
perçeus dans la defobeiſſance,
s'en retirent viſtement, à fin de
conſeruer leur bonne reputation. Le plus ſouuent meſme il
n'en punit pas vn, & eſcoute attentiuement les prieres qui luy
ſont adreſſees par ſon bon naturel leur meilleur Aduocat. Iamais il ne manque à trouuer
des excuſes pour eux en ſoy-
meſme. Il ſe repreſente que ce
ſont des hommes, qui comme
tous les autres ſelon les loix du
monde ſont ſujects à faillir, à
prendre ſoudain de mauuaiſes
impreſſions, & à rechercher
quelquefois des changemens,
d'où l'on leur a fait croire que
leur vray bien deſpend : ou bien
il ſe perſuade que leur repentir

esgale leur crime, & que c’est affez de leur auoir monstré qu’ils
auoient esté ennemis d’eux-
mesmes, & s’estoient donné de
la peine à credit pour se rebel-
ler, estant impossible qu’il leur
aduint vn bon-heur plus grand
que de viure sous ses loix & sous
sa protection. Cette clemence
est si raisonnable qu’il ne se
faut pas imaginer qu’elle soit
contraire à la Iustice dont i’ay
dit qu’il estoit doüé: car tant s’en
faut, il n’est rien de si equitable
que cette belle Vertu, qu’il s’ab-
stient mesme d’exercer si librement où le public est plus offencé que son particulier. Il regarde auparauant si cela n’aporte-
ra point vn interest trop desa-
uantageux, & suit les loix de ces

peuples, entre lesquels personne n'estoit puny, si l'on ne prou-
uoit qu'il eust fait plus de mal
que de bien. Vn seul peché ne
suffit pas enuers luy pour la con-
damnation des hommes, ainsi
qu'en la Iustice ordinaire. Il iette les yeux plus loin & leur pardonne en consideration d'vn
nombre plus grand d'actions
loüables qu'ils ont exercees auparauant. Mesmes il se porte à
vn tel excez d'humanité extra-
ordinaire, que là où il ne trouue
rien de recommandable en la
vie passee, il met en ligne de
compte ce que l'on est capable
de faire apres, y estant induit
par des charmes si forts comme
les siens. Que l'on ne me parle
point de ceux qui font oster du

mode iusqu'au dernier de leurs
ennemis, difans qu'ils fe veulent deliurer d'inquietude, & ne
voir perfonne qui n'adore leur
pouuoir. Mon Roy fe mocque
d'vne telle rage pleine d'impru-
dence, & ayant bien appris à fe
priuer de foucy d'vne autre façon, fait mourir moins cruelle-
ment & plus vtilement ceux
qui ne l'affectionnent pas comme ils doiuent. Ouy, il les faict
mourir veritablement par vn
miracle nompareil en leur
fauuant la vie: car ils fe changent tellement qu'on ne les
fçauroit plus trouuer au monde, ne croyant point que ce
foient eux mefmes. Heureux
Phœnix qui fe bruflent d'vn feu
d'amour aux rayons d'vn diuin

Soleil, pour reſuſciter apres
tout autres qu'auparauant les
ſerpens n'ont pas d'auantage de
prudence en ſe deſpoüillans de
leur vieille peau. Mais donnons en la gloire entiere à celuy qui la merite. Quel courage
remply d'vne hayne endurcie,
n'auoüroit point qu'il ne ſera
pas moins vaincu par ſa cour-
toiſie que par ſa valeur? Il ſemble qu'il combatte pluſtoſt
pour le bien de ſes ennemis que
pour leur ruine, & qu'il ne ſe
donne de la peine à les vaincre,
que pour auoir le plaiſir de les
rendre les plus heureux de la
terre, tant il leur departit apres
de fauorables auantages : tellement qu'il eſt à craindre qu'il
n'y ayt preſſe à s'elleuer contre

luy, pour receuoir tant de bien-
faicts. Mais que dis-ie? de quelle
erreur faudroit il auoir l'esprit
offusqué pour suiure vn tel dessein? iugeroit-on pas bien-mes-
me sans en rien voir, que si ceux
qui l'ont offencé sont traitez si
doucement, ceux qui demeurent tousiours dans les termes
d'vn respect infiny, le sont encore d'auantage? il regne sur eux
auec vne telle douceur, que ces
commandemens ne sont point
fascheux à suiure, & son intention estant plustost de se faire
aymer, que de se faire craindre,
l'on trouue en luy toutes les
parties d'vn pere debonnaire,
qui relasche quelquesfois son
authorité pour donner à ses enfans la licence de faire ce qui

leur eſt agreable. A l'heure
de la creation de certains Empereurs, il venoit autrefois
vn Maſſon leur monſtrer di-
uerſes ſortes de pierres, &
leur demander deſquelles c'e-
ſtoit qu'ils vouloient que
l'on baſtiſt leur tombeau. Au
meſme temps l'on faiſoit bruſ-
ler deuant des autres vne poi-
gnee d'eſtoupes; & le tout pour
leur faire ſouuenir que les plus
grandes pompes humaines ne
ſont rien que des feux qui s'e-
ſteignent en vn moment, & que
la pourpre de leurs manteaux
ne les pouuoit pas pluſtoſt deffendre des traicts de la mort
que les eſtoffes vulgaires. Mais
tout cela n'a point eſté neceſ-
ſaire pour noſtre Roy, qui ſans

auoir les sepulchres de ses ay-
eux si pres de la superbe ville où
il fait ordinairemét só seiour, auroit bié memoire qu'il est mortel cóme eux. Et pour dire vray,
entore qu'il ait des qualitez autant esleuees au dessus des nostres, que les nostres le sont au
dessus des autres animaux, &
que s'il est obligé à mourir comme nous, il ne le soit pas à viure
d'vne mesme maniere, & auec
vne pareille bassesse de pensees,
si est ce qu'il s'accómode à nostre infirmité, ne plus ne moins
que s'il en auoit vne pareille, &
n'a voulu sçauoir ce que c'est que
de l'insoléce que pour s'en esloi-
gner. Lors qu'il no' peut attirer
à quelque chose par menaces,
iamais il ne le fait par supplices;

& lorsqu'il le peut faire par prieres, iamais il ne le fait par menaces. Ses loix ne sôt point escrites
auec du sang, comme l'on dit
qu'estoient celles de quelques
Princes cruels: elles sôt plustost
escrites auec du laict, & quand il
luy faut vler de la foudre, il souhaite de n'auoir iamais apris à la
ietter. Ce n'est qu'aux plus vr-
gentes necessitez où il s'agist
d'vne importante conseruation
de son Estat, qu'il se dispose à tirer de son peuple les nerfs de
toutes les entreprises, & l'on
peut dire qu'il employe en cela
fort peu de bien pour en conseruer beaucoup: de mesme que
l'on tire quelquefois vn peu de
sang du bras, pour garder que le
reste ne s'en aille en plus grande

quantité par vn autre endroict
dangereux. Encore ne fait-il cela qu'auec vn incroyable regret
de voir que la guerison nous
couste quelque chose, & ne
prend-il pour recompense que
la gloire de n'en auoir point
voulu, se representant que l'on
tient qu'Æsculape ne fut fou-
droyé, que pour les salaires ex-
cessifs qu'il se faisoit donner de
ses cures. Les serpens se bou-
chent l'oreille de leur queüe
pour ne point entendre les charmes d'vn Magicien. Aussi vn
Roy prudent, comme le nostre,
permet au peuple qui est la
queüe de son Estat, de l'empescher d'ouyr les persuasions de
ces esprits pernicieux, qui voudroient que le Pasteur ne se

contentast pas de tondre sa bre-
bis, mais qu'il l'escorchast route
en vie. Tãt plus vn arbre enfon-
ce ses racines dans la terre tant
plus il accroist ses rameaux, & tãt
plus il raporte de fruict. A la mesme mesure la diuine placc de sõ
amour estend ses branches par
tout auec vn doux fruict, comme elle se dilate au profond de
son cœur. Et ce n'est pas seulement dans les importantes a-
ctions que l'on trouue des marques de sa bonté, mais encore
dans celles qui n'arrent guere
de consequence apres soy, &
dans les paroles les plus ordinaires il trempere cette Majesté qui
reluit sur son visage, auec vne
douceur si attrayante, & donne
à ses yeux des mouuements si
bien

bien reglez, que la timidité mefme eſtant deuant luy, aſſeure-
roit ſon courage & ſe perſua-
deroit que c'eſt la plus eſtimable gloire de ſa grandeur, que
de ne refuſer pas meſmes de
l'accez aupres de ſon throſne,
aux perſonnes les plus petites.
Il ſemble touſiours que lesGra-
ces parlent par ſa bouche, ou
qu'elles parlent pour luy, &
quoy qu'il puſt ſ'entretenir aſſez
bien luy ſeul, meditant ſur les
projects de ſon eſprit incomparable, ainſi que font ceux qui
tiennent de la Diuinité côme il
fait, & qui veulent eſtre tout en
ſoy, neantmoins il ſ'abaiſſe ſouuent à diſcourir auecque ceux
qui ne ſont que des fumees eſ-
paiſſes, au prix d'vn flambeau ſi

I

clair. Par ces belles chaiſnes
d'affection, il s'atache à ſes ſujets
qui ſe ioignent à luy par d'autres reciproques; ſi bien qu'e-
ſtans liez d'vn coſté & d'autre,
les plus redoutables accidents
ſe ſepareront pluſtoſt d'eux,
que de les ſeparer d'enſemble.
Il ne faut qu'aymer dit-on pour
eſtre aymé: mais eſtre encore
aymable de ſurplus, quel inuin-
tible charme eſt-ce donc pour y
paruenir? Les perfections de
mon Roy, que i'ay taſché de repreſenter, auec encore pluſieurs
autres particulieres dont ie n'ay
rien touché, ſont generalement
toutes celles qui ſe peuuent acquerir, de maniere qu'il n'a garde de manquer à en gaigner les
cœurs de tout le monde: car

chacun y peut trouuer celle qui
a des atraits plus puissants pour
soy. Par dessus tous les hommes
du monde les François ont tous-
jours eu le renom de cherir pas-
sionnement leur Monarque:
mais quand iusqu'à cette heure
ils auroient negligé cette vertu,
ils seroient forcez d'en tenir
conte. Aussi faut-il qu'ils la sui-
uent maintenant auec vn excez
d'ardeur incroyable, & l'on remarque chaque iour que ceux
qui ont seruy le Roy depuis
long temps auec vne extreme
assiduité, pensent estre assez liberalement recompensez quád
il leur a tenu en passant vne sim-
ple parole, ou qu'il a ietté quelque regard dessus eux. Quant
aux Princes qui pour estre de

son sang , semblent auoir quelque suject de faire ceder l'a-
mour à l'ambition , ils connoif-
sent si clairement que le merite
le rend Roy aussi bien que la
Nature , qu'ils croyent ne pouuoir obtenir d'hôneur plus legi-
time , que de prester leur main
à accomplir ce bel ouurage de
le rendre souuerain Seigneur
de toutes les contrees qui viendront à leur connoissance. Et
certes il ne faut point les tenir
sous bonne garde en des lieux
deserts , comme l'on faict
ceux d'Æthiopie, qui ne reuien-
nent iamais à la Cour que pour
y prendre la Couronne apres la
mort de celuy qui la portoit, de
peur qu'ils n'esmeuuent des se-
ditions. Ie ne doute point que

pour me prouuer que les Vertus du Roy n'ont pas des effects
si vniuersels que ie dy, l'on ne
m'allegue les reuoltes que quelques-vns de ses sujets ont faites;
mais ie respondray en vn mot,
que la lumiere n'est pas capable
d'esclairer les yeux s'ils ne sou-
urent, & que si l'obiect le plus
digne de l'Vniuers ne peut es-
chauffer d'amour ces cœurs là,
c'est qu'ils sont infectez d'vn
pernicieux venin : car les Natu-
ralistes tiennét que le cœur em-
poisonné ne sçauroit brusler,
ainsi qu'il aparut en celuy de
Germanicus. Si par vn bienfaict
du Ciel il sont vne fois purgez
de leur mauuaise qualité, pour
gouster vn seul moment d'vn
aliment plus doux que celuy de

I iij

Lotos, il n'eſt rien qui les en
puiſſe retirer iamais. L'on void
tous les iours que quand l'on
abbat quelque arbre, les oy-
ſeaux qui y faiſoient leur nid,
ſ'enuoient ailleurs pour chercher vne autre demeure, & de la
meſme façon ces amis d'inte-
reſt en quoy le monde eſt ſi fertile, deſlogent du lieu où ils ſ'e-
ſtoient mis à couuert, lors que
la fortune la ſi bien terraſſé
qu'il ne leur peut plus eſtre
commode. Mais quand ceux
qui aymeront le Roy ne ſe
propoſeroient autre choſe que
le proffit particulier qu'ils en
pourront auoir, ſeroit-il à
craindre qu'ils le delaiſſaſſent
iamais ? veu que nous deuons
croire que ſi le bon-heur ne ſe

peut empeſcher d'eſtre quelque
part, il faut qu'il ſoit eternelle-
mét auecque luy. Ces Aſtres qui
ſeruent de caracteres à la diuinité pour eſcrire ſes ſecrets & ſes
ordonnances dan   rád liure
de l'Vniuers, ont   rengez
de telle ſorte à ſa naiſſance, meſme contre leur cours ordinaire,
qu'il n'y a que ceux qui verſent
vne influence heureuſe, qui
puiſſent dominer ſur ſa vie; ou
bien la Nature a attendu pour
le mettre au monde, iuſqu'à ce
qu'ils vinſſent d'eux-meſmes à
ce bel ordre, à fin que les pro-
ſperitez accompagnaſſent auſſi
bien ſes auantures, que les bonnes inclinations ſon ame. Que
l'on ſe ſoit approché de luy
pour ſon extreſme puiſſance, ou

pour ſes incomparables perfections, on pourra touſiours a-
uoir des faueurs de l'vn, & du
ſujeƈt de continuer à aymer les
autres. Mais que viens ie de dire? Quelles perſonnes ſeroient
ce qui pourroient auoir de l'a-
mitié pour luy, veu que cette
diuine ſemence ne germe que
dans les cœurs de ceux, entre la
condition & l'humeur deſ-
quels, il ſe treuue de la confor-
mité? Entre nos eſprits tachez
de beaucoup de deffauts, & le
ſien qui n'eſt orné que de qualitez accomplies, il n'eſt pas
vray-ſemblable que la ſympa-
thie ſe rencontre. Pour refor-
mer mes paroles, & non pas
mon intention qui n'a iamais
eſté mauuaiſe, il faut que ie diſe

seulement que comme l'affection dont le Roy nous cherit,
prend son origine de la com-
passion qu'il a de nostre bassesse, & du besoin que nous auons
de son assistance: ainsi ces mouuements qui s'esleuent pour
luy dans nostre ame, procedent
de l'admiration que sa grandeur y porte, & ne les doit-on
appeller que des respects infinis. O vous esprits foibles, qui
mesureriez le pouuoir le plus
supréme du monde auecque le
vostre, ne faites pas de difficulté
de croire que mon Roy soit
pourueu des Vertus que i'ay re-
marquees, parce que vous ne les
sçauriez auoir, & qu'il n'est pas
mesme en vostre puissance de
vous les imaginer. Ce seroit vn

crime des plus puniſſables que
de ſe perſuader que l'on ne luy
donneroit des loüanges, qu'à
cauſe que l'on n'oſeroit faire autrement. Il ne force perſonne à
publier ſes actions, eſtant aſſez
ſatisfait de les auoir faites. Il eſt
certain que les plus ſages ont tenu que la verité ne logeoit
preſque iamais dans la Cour, &
ie ne refuſe pas meſme d'accor-
der quelle ne puiſſe eſtre exilee
de la ſienne, non pas comme
l'on l'entend ordinairement, à
cauſe que l'on n'a pas la hardieſ-
ſe de declarer les vices des Princes: mais d'autant qu'il ſe peut
faire que l'on ne confeſſe pas
toutes les Vertus du noſtre.
Comment eſt-ce que l'on luy
donneroit des flatteries, veu que

c'eſt tout ce que l'on peut faire
que de repreſenter l'ombre de
l'image de ſes perfections , au
delà deſquelles on ne paruient
point? Qui me niera cecy , doit
auoir pour obſtacle à ſa veuë, de
ces verrieres qui nous font ſem-
bler les choſes moindres qu'elles ne ſont en effet. Ceux-là ſont
preſque auſſi dignes de blaſme,
qui combien qu'ils reconnoiſ-
ſent la pluſpart de ſes perfections, oſent reuoquer en doute
qu'il ſurpaſſe tous les Princes il-
luſtres que le monde à iamais
veus. Leur erreur viét de ce que
les choſes que nous voyós com-
munément, ne nous ſemblent
pas ſi exquiſes que celles que
nous ne connoiſſons que par vn
ſpecieux rapport: Ceux qui vin-

drent apres Iupiter, Mars, & Ofi-
ris, ayans fçeu leurs faits par vne
tradition menfongere les repu-
terent des Dieux, parce qu'ils
n'auoient pas appris quant &
quant, qu'ils auoient efté autant
fubjects qu'hommes du monde
à la colere, à l'impudicité & aux
autres vices, lefquels on ne pouuoit connoiftre fans auoir efté
de leur fiecle. Ie ferois con-
fcience de ne point rémonftrer
que s'il s'eft veu autrefois des
Princes d'vne valeur extrefme,
ils n'ont pas efté accompagnez
d'vne Iuftice comme celle du
Roy : de forte que les mefchans
ne fe gardans point de fuyr les
vices en leur Eftat, pour la crainte de la punition, & les bons ne
s'excitans pas à la vertu pour

l'efpoir de la recompence, tout
y eſtoit en vne confuſion horri-
ble. Que trouue-t'on de remarquable dans les liberalitez d'A-
lexandre, ſinon qu'il les faiſoit
quelquefois à des perſonnes qui
non ſeulement ne les meri-
toient pas à l'heure, mais auſſi
qui mõſtroient bié par leur naturel immuable, qu'ils n'en pou-
roient pas meriter la moindre
partie à l'aduenir? Qu'eſt-ce que
l'on remarque en luy de grand
outre ſon ambition, pour luy
donner le nom qu'il porte? Il n'a
iamais peu acquerir la dixieſme
partie du monde, & ſe mettoit
en peine d'en chercher d'autres
pour conqueſter, comme s'il y
en auoit autant que diſoit De-
mocrite, & s'il luy euſt eſté faci-

le d'y paſſer, ſans ſonger qu'il luy eſtoit meſme impoſſible de conſeruer ſes terres propres en ſa ſubjection, ainſi que le Gym-noſophiſte Calanus luy remon-ſtra. Il n'eſtoit guere different de Pyrrhus, que l'on comparoit à vn ioüeur de dez, qui met au hazard ſon bien liquide ſous eſ-poir d'en acquerir encore d'au-tre, & n'eſt iamais ſatisfait de ce qu'il gaigne. D'ailleurs ces au-ges de cheuaux & ces armes plus grandes & plus peſantes qu'à l'ordinaire, qu'il laiſſa ſur les ri-ues du Gauge, n'eſtoient-ce pas des vanitez ridicules? Ne pou-uons nous pas croire, qu'ainſi que cét attirail eſtoit pour faire imaginer à ceux qui viendroient là apres, que luy & ſes gens a-

uoient esté d'vne enorme statu-
re: de mesme on nous a laissé
l'histoire de ses faits plus admirable qu'elle ne deuroit estre, à
fin que nous conceuions vne
meilleure opinion de luy. Qui
plus est il n'entreprenoit point
les faicts d'armes pour de bons
sujects : il trauailloit de pauures
peuples sans occasion, & tas-
choit de subjuguer leurs terres
où il n'auoit aucun droict, afin
d'estre seulement loüé des A-
theniens, comme il confessoit
luy-mesme, se plaignant des
dangers où il se mettoit pour y
paruenir. Vanité extresme! de
n'entreprendre des actions remarquables, que pour complaire à vn peuple bigearre, animal
à plusieurs testes qui ne se con-

duir que par la queuë. La vraye
vertu est satisfaire d'elle mesme,
elle comprend tout en soy, &
mesprise comme inutile la gloire qui luy peut venir de dehors.
Hé quoy, ce Roy de Macedoine
ne l'eust-il point cherchee, si
l'Orateur de Grece se fust accor-
dé à publier par flatterie qu'il
en estoit possesseur, encore que
cela ne fust pas ? Ie pense que
c'eust esté assez, & que sa valeur
se fust renduë plus paresseuse.
Mais ce n'est pas outre son gré
qu'il faut se mettre dans vn si
bon chemin. Il ne me semble
pas qu'Hercule ny Bellerophon
(pour remonter plus haut dans
les siecles) soient dignes d'vne si
grande loüange, combien que
toute la terre ait receu des biens

nompareils

nompareils de leurs trauaux,
qu'ils ont employez a tuer tant
de monstres : car l'vn le faisoit
par le commandement d'Euri-
stee, & l'autre par celuy du Roy
de Lycie. Et ce Cesar dont l'on
donne le nom à ceux qu'on estime valeureux, croyant leur faire honneur, outre plusieurs de-
faux qui estoient en luy, ie trouue que la principale raison qui
le rendoit tant assidu à la fati-
gue des armes, c'est qu'il estoit
suiect au mal caduc, & que pour
se garder d'y tomber, il se pri-
uoit de repos le plus qu'il luy
estoit possible. Qu'on ne me
parle point de cette valeur qui
ne se manifeste que par contrainte. Le Roy monstre la sienne sans obligation, & bien que

K

ſes Lieutenans puiſſent quelquefois dompter les monſtres
qui nous menacoient, il ſ'en va
luy-meſme les trouuer pour en
venir à bout. Pour retourner à
Hercule que l'on nous repreſente comme l'homme le plus
courageux & le plus conſtant
du monde, ie me mocque de ſa
reputation, & me figure qu'il
n'euſt pas fait tant de proüeſſes
ſil n'y euſt eſté forcé, veu que
ſon naturel eſtoit porté aux delices, & qu'eſtant amolly par les
apas d'vne Dame, il quitta la
peau de Lyon pour prendre les
accouſtremens d'vn ſexe contraire au ſien. Comment eſt-ce
que celuy qui auoit ſurmonté
l'Hydre ſe rendoit ſi facilement
à vn tel ennemy. Me reſpondra-

t'ô que c'est qu'il estoit alors de-
uenu plus foible que les charmes d'vne beauté, ou que ces
mesmes charmes sont tousiours
plus puissants que l'Hydre ? de
quelque façon que l'on le vueille deffendre, il est condamné, &
ne seruira de rien de me repar-
tir qu'au moins il ne pouuoit
estre vaincu que par luy mesme, c'est à dire par ses propres
passions: Car le Monarque de la
France a bien vne autre authorité sur soy, pour se faire appeller iustement inuincible. Quel
nombre excessif de Princes s'est
retiré des armes pour s'adonner
à toute sorte de lubricitez, ne
songeant pas que les plaisirs in-
fames, & les trauaux honnora-
bles sont bien pareils en leurs

durees, & ne s'enuolent que
d'vn semblable train, mais qu'a-
pres qu'ils sont passez il y a
beaucoup de difference, & que
la honte demeure pour les vns
& la gloire pour les autres. Ils
ont esté enchantez de la pompe
mesprisable de la terre, qui ne
depend que du temps present,
Atome indiuisible, puisque ce
qui est passé ne nous delecte
plus veritablement, & que les
voluptez de l'auenir sont incer-
taines. Tandis il est arriué dans
leurs Estats des fortunes contraires à celles de cettuy-cy.
Quelques vns ont bien eu de la
force & de la temperance, mais
ils se sont ruinez eux mesmes à
faute de pouruoir prudemment
à tout, & ont bien eu des pieds

pour s'aprocher de la gloire, mais en ont ignoré le chemin. Ils ont creu que les lettres estoient indignes d'vn grand courage, & se sont laissé gaigner par vne ignorance qu'on doit appeller vn mal sans douleur, d'autant que ceux qui en sont possedez ne souffrent aucune peine, & croyent estre en santé encore qu'il leur arriue de pitoyables infirmitez. Ie leur voudrois bié demáder s'ils ne sçauét pas que c'est aux bestes brutes que la force est seulement considerable, & que pour ce qui est des hommes ceux qui sont entre eux le mieux partagez d'esprit doiuent estre les plus eminents. Quant à moy ie trouue que leur ignorance est de beau-

coup plus dommageable que
ne feroit la meschanceté d'vn
autre, pour ce que les meschans
peuuent aucune fois faire quelque chose de bien, mais les
ignorans ne le pourroient pas
quand la volonté leur en pren-
droit. Au reste ils ont mesprisé
tous ceux qui se sont addonnez
aux lettres: de sorte qu'en vain
a combattu leur espee puisque
la plume n'a pas esté induite à
descrire leurs vaillances. Car
Epaminondas auoit beau dire
sur le point de sa mort qu'il s'en
alloit tout content, parce qu'il
esperoit de reuiure en deux fil-
les qu'il laissoit au monde, ses victoires de Mantinée & de Leu-
ctres : leur vie eust esté bien
courte à faute d'aliment, si l'hi-

stoire ne les eust substantees. Il
y en a qui se sont auisez de faire
éleuer des obelisques, & de faire
construire de sumptueux Palais
pour eterniser leur memoire:
mais outre que le temps ne leur
pardonne pas si tost qu'à l'ouurage des Muses, encore ont ils
besoin de leur secours pour en-
seigner aux races futures qui a
esté leur fondateur, & le pis
que i'y voye, c'est que ce n'est
pas veritablement vne marque
d'vn homme genereux, mais
d'vn homme excessiuement riche, qui ne pouuoit paroistre
autrement. Vne infinité d'autres qui ne sont pas moins essloi-
gnez des mœurs de nostre Monarque, pensant monstrer leur
puissance ont esté si cruels en-

K iiij

uers ceux qui les auoient offen-
cez, que le mot de pardon n'a iamais esté prononcé de leur bouche. Aurelius Alexander eut
vne seuerité si ruineuse, que
pour vn tumulte fort petit il cas-
sa de bons soldats dont il se pouuoit tresbien seruir encore, ce
qui ternit beaucoup l'honneur
que l'on luy a voulu deferer;
aussi fut-il massacré par ses gens
de guerre. Il y en a eu mesme
qui ont gouuerné tous leurs sujects generallemét auec tant de
tyrannie, qu'ils en ont acquis
vne hayne irreconciliable, & cõ-
me ils ont baillé de la crainte à
plusieurs, plusieurs aussi leur en
ont fait receuoir. Ils ont donné
la couppe de poison à leurs fre-
res mesmes, se figurans qu'ils

estoienr comme les ruisseaux
qui deuiennent plus rapides &
plus puissans lors que l'on coupe chemin aux autres, & que
l'on faict aller toute l'eau par
leur canal. Mais l'on n'a guere
veu qu'ils soient morts de vieil-
lesse. Ils ne vouloient point voir
leurs gardes sans armes à leurs
costez, & se defioient d'eux s'ils
les voyoient auec des armes, la
seureté mesme les empeschant
de s'asseurer, & la deffence leur
faisant redouter l'assaut. Apres
leur trespas ils ont esté vniuersellement detestez, & pour faire
perdre leur memoire, l'on n'a
pas seulement deffendu de les
nommer, mais aussi de porter
les couleurs qui leur plaisoient
le plus: de mesme que firent les

Agrigentins apres le decez de
Phalaris. Ainſi de tous ceux que
le monde a eus en admiration,
pas vn n'a poſſedé toutes les
Vertus enſemble, dont le Roy
ſe rend accomply, & ſi l'vn à pû
acquerir l'vne, iamais il n'aſceu
auoir l'autre. Au lieu que meſme les parties de chacune ſe
font paroiſtre toutes en laquelle qu'il luy plaiſe d'exercer. Elles
ſont comme les cordes d'vne
lyre, dont l'vne eſtant touchee
au ſolſtice d'Hyuer, les autres
reſonnent pareillement. Qui
plus eſt, la pluſpart n'ont point
adouré le vray Dieu, & s'ils l'ont
fait, ce n'a pas eſté auec cette
feruiur que i'ay remarquee, où
bien ils n'ont pas tenu le coin
de l'autel d'vne main & leur eſ-

pee de l'autre, n'ayant point es-
gard que ce n'est pas assez de
prier, si l'on ne met la main à
l'œuure, & que le Ciel ne nous
ayde point si nous ne nous ay-
dons quant & quant. D'autres
se sont perdus tout de mesme,
n'ayant pas vne valeur qui ac-
complist les conseils de leur sagesse. Cecy ne doit point
sembler contraire à la chaisne
des Vertus qui s'atachent l'vne
à l'autre comme i'ay rapporté
au commencement: car i'ay pre-
supposé qu'il falloit que la bonne volonté y fust. Et par exemple, il se peut faire que plusieurs
Princes ayans acquis quelques
Vertus, n'ont pû continuer la
recherche des autres, se plaisans
trop dans les delices, qui n'e-

ſtoient pas moins leur element,
que la mer l'eſt aux Dauphins,
leſquels ſe meurent auſſi toſt
qu'ils en ſont dehors. Poſſible
que ſils en fuſſent genereuſe-
ment ſortis, ils ſe fuſſent endurcis de mols qu'ils eſtoient, en la
meſme ſorte que le corail apres
qu'il a eſté tiré des eaux ſe me-
tamorphoſe d'herbe en pierre.
Ie les pourrois nommer tous, &
raconter auſſi les accidens qui
leur ſont aduenus pour ces de-
faux ſignalez, n'eſtoit que ie
m'eſtendrois ſans ſuiect ſur des
choſes que l'on peut voir dans
vne infinité de liures. Au reſte
ſil m'eſt permis de deſcouurir
icy mon opinion, ie diray que
quelque candeur que l'on ſe figure aux eſcripts des Eſcriuains,

on n'eſt pas encore aſſeuré que
les Hiſtoires qu'il nous ont laiſ-
ſees de tant de Roys, qui ne ſont
meſme paruenus qu'à moictié
chemin de la perfection, ſoient
entierement veritables. Car ſi
elles ont eſté compoſees de
leurs ſiecles & en leur prouinces, & par leurs propres ſujects,
pour ſçauoir mieux les affaires,
ne doit-on pas ſaſſeurer que
pour les honorer d'auantage,
l'on a grandement exageré les
choſes; & ſi elles ont eſté faictes
beaucoup depuis leur mort, qui
eſt-ce qui voudra nier que les
autheurs n'ayent controuué vn
grand nombre de rares ſuccez
pour embellir leurs ouurages?
Ce n'eſt pas que ie deſire a-
moindrir le credit que i'ay

tantoſt attribué aux lettres,
qui ne ſont pas responſables
de la faute de celuy qui ne
les met pas en l'vſage où elles deuroient eſtre. Mon ſeul
deſſein eſt de monſtrer que
ce qui eſt paſſé nous ſemble
plus grand qu'il n'eſtoit en
effect. Mais quittons nos
erreurs, & ne reuerons plus
que les merueilles que nous
voyons de nos yeux propres, leſquelles ne ſeront pas meſpri-
ſées à l'aduenir, ainſi que ie meſ-
priſe celles dont l'on à tant faict
d'eſtat iuſques à cette heure.
Car encores qu'elles ſoient plus
grandes, & par conſequent plus
incroyables, le Ciel permettra
que puis qu'elles ont eſté pro-
duites à ſa gloire, l'on ſe fie telle

ment aux Historiens qui les ra-
conteront, que leur reputation
soit affermie pour vne eternité.
Et sans doute il en demeurera
des effects qui seront suffisants
de tirer tout le monde d'incertitude : de sorte que nos ne-
ueux verront que nostre heur
aura esté plus grand que le leur,
d'auoir iouy d'vne si aymable
veuë, & se rendront miserables
par leurs souhaits, si la raison ne
les modere. L'enuie qui est vne
ennemie dangereuse se feroit
plustost mourir de son venin
propre, que d'en infecter aucun
esprit, pour luy faire reprendre
les actions d'vn Roy le plus Iuste, le plus sage & le plus vaillant
du monde. On me representera
qu'elle s'attache inseparable

ment à ceux qui sont esclairez
de la Gloire, ainsi que fait l'ombre à tout ce qui est exposé aux
rayons du Soleil, & que par la
mesme maniere qu'il est tous-
jours semblable, soit que l'on
soit vestu de bureau, soit que
l'on le soit de drap d'or, elle per-
secute auec de pareilles mesdi-
sance ceux qui sont enuironnez
de qualitez indignes du lieu
qu'ils tiennent, & ceux qui ont
les rares ornements qu'ils doiuent prendre. Cette opinion
vulgaire m'est assez connuë,
mais ne sçay-ie pas pareillement
que si l'ombre suit ces oyseaux
qui ne prennent guere vn vol
trop esleué au dessus de la terre,
il ne sçauroit suiure les Aigles
qui s'aprochent plus pres du

Ciel,

Ciel, & que de mesme si l'enuie va bien apres ceux qui sont encore fort bas au chemin de la gloire, elle ne le sçauroit faire apres ces personnes genereuses, qui montent si haut qu'elles embrassent à leur gré cette chere Amante dont elles estoiét esprises. O pernicieux mostre d'euie,à qui les aisles ont esté iustement refusees, & qui n'as eu que des pieds de plomb, tu seras bien contraint de changer ta nature la plus commune. Tu as autant de bouches que la Renommee, lesquelles diffament ordinairement ce que les siennes ont honoré: mais il faudra que malgré toy elles fassent retentir apres ta contraire les iustes loüanges de mon Prince.

L

Vous mortels qui auez oüy de
quelles Vertus il est orné, vous
vous estonnerez sans doute
comment il a pû atteindre vne
perfection qui sembloit estre
refusée à tout le monde. Ie m'en
vais vous en apprendre ce que
l'en ay conceu au milieu des
plus profondes meditations qui
seruent d'aliment aux ames qui
viuent autrement que les vulgaires. Encore n'est-ce pas la raison qu'ayant monstré vn riche
tableau, ie m'exempte de dire
qui a esté l'ouurier qui y a mis
la main. Que l'on sçache donc
que Dieu prenant pour sa plus
commune occupation, le soin
de nous attirer à son amour,
nous à voulu mettre deuant les
yeux vn object, qui par des de-

grez faciles nous fit monter
iufques à fa connoiffance. Le
Soleil ne fe laiffe point voir à
plomb fans nous efbloüir, &
n'y a que dans vn miroir où il
fe reprefente que nous le puif-
fions confiderer. D'vne pareille forte cette puiffance infinie ne pouuant eftre contem-
plee en elle mefme, veut bien
que l'on la voye en la perfonne du Roy, où elle iette fes
rayons les plus ardens, &
fait paroiftre fes qualitez les
plus remarquables, defquelles i'ay faict icy vn autre por-
trait par imitation comme i'a-
uois propofé, d'autant qu'elles
ne font pas moins difficiles à
confiderer que les clartez du
Soleil, qui eft encore vne autre

image de Dieu, & que ceux qui
n'ont pas l'esprit assez vif pour
comprendre la souueraine Majesté, la cherchant dans son es-
sence mesme, n'y dans l'ouurage qu'elle a taillé à sa confor-
mité, la pourront reconnoi-
stre en la figure que i'ay faite de
cette figure. Or l'on ne se doit
pas imaginer que ce soit en son
corps que cette ressemblance se
trouue. Sa beauté a bien quelque chose de celeste, mais ou-
trée que tout est perissable, elle
n'est rien au prix de celle de son
ame, qui porte veritablement
les marques de la diuinité, en ce
qu'elle n'a point de pensées que
touchant le bien des hommes.
Les autres mortels ont bien esté
creez pour auoir de semblables

caracteres, mais leur naturel ne
leur permet pas d'en garder
toutes les impreſſions, & puis ils
ne ſont pas nez pour auoir ſur
tout le reſte vne puiſſance qui
teſmoigne quelque choſe au
deſſus de ce qui eſt humain,
donnant du bon-heur ou du
malheur à ſa diſcretion. C'eſt
pourquoy ils negligent eux-
meſmes des qualitez qui ne
ſont pas tant neceſſaires en leur
condition baſſe, & dont la ſé-
mence n'eſt plus guere iettee
en eux, à n'en mentir point,
comme elle le fut au premier
habitant de la terre. Que ſi l'on
me demande pourquoy Dieu à
voulu faire paroiſtre plus que
iamais la fecondité de la France
ordonnant qu'elle fuſt honno-

ree d'vn si rare fils, plustost que
les autres regions : Ie respondray, que l'on ignore grandement le riche prix de nostre
contree, qui ayant le Lys pour
ses armes, monstre bien qu'elle
est destinee à se glorifier tous-
jours d'auoir quelque chose de
diuin. Car ce n'est pas seulement
dans nos Histoires que l'on
void que ces belles fleurs sont
venuës du Ciel, quand le Roy
Clouis les receut, mais aussi
dans les liures des Payens, qui
tenoient pour article de leur
foy, que le laict de Iunon tombe icy bas, les auoir faict naistre
par la metamorphose. Que
n'ay-ie maintenant vne voix si
forte que poussant l'air de violence pour le reduire en trou-

uer plus où se loger, elle rem-
plist tout l'espace qui est entre
le Ciel & la terre, & iettast comme des flesches legeres, depuis
le lict de l'Aurore iusques aux
riuages où se perd le jour, pour
percer les cœurs de tous les
hommes. Ie me mettrois sur le
sommet de quelque monta-
gne, si haute qu'il sembleroit
que ce seroit là que Iupiter re-
poseroit ses pieds pour s'affer-
mir en lançant le tonnerre, &
ferois mes remonstrances apres
auoir raconté à tout le monde
les Vertus dont i'ay faict le discours. Qu'attendez vous cœurs
endurcis, que vous ne reuerez
de tout vostre pouuoir ce nompareil miracle qui a esté mis
parmy vous par vn estrange

bon-heur? Ses adorables perfections sont elles si foibles en vostre endroit, qu'elles ne vous
puissét gaigner? Est-ce que vous
n'estes pas encore asseurez de
leur merite, & que vous doutez
qu'elles le fassent vne vraye
Image de Dieu? Hé bien vous
ne demeurerez plus guere
long-temps au bransle de cette
incertitude. L'autre Image n'est
pas animee comme luy ny si ex-
cellente. Sa lumiere n'est que
pour les corps, mais la sienne est
pour les esprits. Ne pourra t'il
donc pas produire les mesmes
effects, pour lesquels elle in-
cita les Perses à luy faire des sacrifices, ainsi qu'à la vraye Diuinité, le Ciel ayant permis que
les plantes l'honorassent, afin

de donner à connoistre aux hu-
mains qu'il y a là haut vne puissance qui commande à toutes
choses. Ce grand Roy fera naistre vn perdurable printemps.
Nos champs eschauffez par les
rayons nous donneront des
moissons si plantureuses, que
nous nous lasserons de les cou-
per. Les arbres auront plus de
fruicts que de fueilles. Les roses
s'espanoüyront si tost qu'il ap-
paroistra. L'Heliotrope se tour-
nera incessamment deuers luy.
Par son seul regard il rendra si
bien la chaleur naturelle aux a-
nimaux qu'il ne s'en verra plus
d'infirmes, & fera croistre l'or
en telle abondance dans nos
mineries, qu'il deuiendra aussi
vil que le fer. Pour passer plus

outre que les merueilles du Soleil, tout ce qui est en la Nature
le respectera. Les vents retien-
dront leur haleine peur de l'of-
fenser. Les pierres seront douces sous les pieds. Les ruysseaux
auront vn murmure plus articu-
lé que de coustume, pour dire
quelque chose à sa loüange, &
s'il nauige les vagues s'humilie-
ront deuant luy, & la mer deuiendra vn marest paisible.
Beaucoup d'autres euenements
extraordinaires peuuent arriuer, mais qu'on ne les attende
point, si l'on veut euiter le blas-
me d'estre moins sensible que
les choses les plus insensibles, &
auoir l'honneur de n'estre point
amené par contrainte à son deuoir. Ie ne feins point de decla-

rer tout haut que ceux qui re-
fuferont de reuerer le Lieute-
nant du Seigneur Eternel, font
coulpables d'Atheifme. O vous
qui donnez des loix aux peuples, venez en receuoir de luy:
& que voftre Sceptre fe brife
comme verre auprès du fien,
il ne doit pas y auoir en la terre
plus d'vn Roy, puis qu'il n'y a
qu'vn Soleil au Ciel. Les mains
du noftre font affez longues
pour coucher le Septentrion &
le Midy. Vous vous confefferez
fes vaffaux tout au plus, & à celle fin que vous puiffiez eftre dignes d'auoir encore quelque
preeminence deffus les autres
mortels, vous fondrez vos ames
comme de la cire, pour leur
donner la forme la plus appro-

chante que vous pourrez de
celle de la sienne , puis apres
vo' les lairrez endurcir de peur
qu'elles ne se changent , & ne
choisissans pour reigle & pour
compas que la prudence & sa
iustice, vous ferez qu'il y aura
par tout vn ordre que ie ne
vous sçaurois promettre si beau
qu'il sera. Cela nous maintien-
dra en vne paix si vniuerselle
que l'on verra reuenir cet heureux siecle où la terre de Crete
ne se vantoit pas toute seule
de ne point porter de bestes ve-
nimeuses , & si l'on peut sentir
alors quelque affliction ce ne
sera qu'à cause de la mort, que
l'on ne souhaittera pas comme
l'on fait dans vne vie miserable.
Puis que ie ne sçaurois faire en-

tedre ces paroles à chacun tout
en vn coup, i'exhorte ceux
qui les ont ouyes de les publier
à leurs voisins, afin qu'elles soiét
ainsi portees de l'vn à l'autre,
tant qu'il n'y ait personne qui
les ignore: mais principalement
i'aduertis les François que pas
vn d'eux ne doit s'exempter de
voir attentiuement les Vertus
que i'ay desduites, s'il n'est content que l'on dise qu'il ne se
soucie guere de les auoir en re-
uerece. Ils ont vn tel Roy qu'ils
doiuent penser qu'il faut qu'ils
soient meschans ou insensables
pour n'estimer pas que la bouche ne leur a esté donnee que
pour le loüer, & que c'est si bien
la principale fonction de leur
cœur, d'auoir pour luy vne affe-

ction respectueuse, que l'on le
mesconnoistroit pour vn cœur,
non seulement s'il s'en dispen-
soit, mais aussi s'il mesprisoit
vne chose qui eust tant soit peu
de marques de luy apartenir.
Chacun doit croire que lors
que la Nature fit tous les Roys
que l'on a veus, elle s'instruisoit
à en faire, n'estant pas encore
experte à ce mestier là, mais
qu'ayant acheué son aprentissa-
ge où elle n'en a pas mis autour
de parfaits entierement, elle a
formé le nostre pour son chef
d'œuure. Mais pourtant le monde ne doit pas s'abstenir de luy
rendre toute sorte de deuoirs,
esperant qu'il n'y a rien de perdu, & que puis que l'ouuriere
est maistresse passee, elle pourra

encore facilement accomplir
de pareilles pieces. Car le mou-
le qu'elle en a n'est pas durable:
il ne luy pouuoit seruir qu'vne
fois, à peine en pourroit-elle
dresser vn autre, & possible ne
rencontrera-t'elle iamais de
moment assez heureux pour
trauailler si delicatement sans
gaster tout, ny de matiere telle
qu'il la luy faut, qui plus est ce
premier trauail la renduë si las-
se qu'elle se gardera desormais
de s'adonner a vn second. Mais
quand tout cela ne seroit point,
ne sçait-on pas bien que les
choses infiniment merueilleu-
ses ont coustume d'estre vniques, comme si deux extremes
ne pouuoient estre ensemble,
ny succeder l'vn à l'autre Il n'y a

qu'vn monde, & l'on ne tient
pas qu'il s'en fasse vn autre a-
pres la consommation. Il ne se
trouue point de montagne si
haute que celle d'Olympe, ny
d'arbre si salutaire que le Baul-
me, ny d'oyseau si genereux
que l'Aigle, & semble que
cela ait esté faict à dessein que
personne n'entre en côtestation
de leur prix, estans facilement
treuuez nompareils. De mesme
il ne peut y auoir iamais de
Roy accomply comme celuy
que nous auons, & si ma mode-
stie ne m'empeschoit de croire
que le portraict que i'ay faict
de ses Vertus ait atteint le su-
prême degré de l'artifice, ie di-
rois qu'il demeureroit aussi vni-
que en son espece malgré les

efforts

efforts que l'on employeroit'a
en tracer de semblables. Ces
raisons sont cause que l'on remarque fort peu que i'appelle
iamais cet excellent Prince autrement que le Roy absolu-
ment & sans rien mettre en
suitte, voulant donner à connoistre qu'il n'y a que luy seul
qui merite veritablement de
porter ce tiltre là, & qu'il n'y
faut point adiouster son nom
propre ny ses qualitez pour le
distinguer d'auec les autres. Ie
preuoy mesme que s'il vient à
bout du dessein qu'il a de se
voir vn iour en triomphe dedans la Celeste contree au milieu de tous ses suiects, ils seront
forcez par vne pointe d'amour
de l'appeller leur Roy encore,

M

cóbien qu'ils soient alors deuāt
vn autre Roy, aupres de qui
ceux qui commandét sur la terre, ne sont eux mesmes que de
la terre reduite en poussiere,
dont il disperse l'amas de sa
moindre haleine. Neantmoins
il est facile à iuger qu'il y a plusieurs peuples qui ne viendront
pas se ranger soubs ses loix de
leur bon gré, quand il y auroit
vn nombre infiny de voix qui
s'efforceroient de se seruir de
mesmes remonstrances que
moy. Les naturels sont si dissem-
blables qu'vne mesme cause
engendre de differents effects
en eux. La cire s'amollit au feu,
& tout au contraire la terre s'y
endurcit. Il y a des hommes qui
deuiennét traitables deuant vn

illuſtre Prince : d'autres ſ'y rendent plus faſcheux à manier.
Mais quel ennuy inconſolable
touchera la fleur des Monar-
ques pour ces farouches humeurs, puis que la plus part v-
ſent enuers Dieu d'vn ſemblable meſpris. Sa gloire eſt entierement compriſe en ſoy ; Il
n'a que faire de tous ces honneurs que l'on luy peut rendre,
& ſ'il les ſouhaite ce n'eſt pas à
cauſe de luy, mais à cauſe des
hommes, qu'il eſt bien ayſe de
treuuer employez à faire ce
que leur deuoir leur enioinct,
ne ſe glorifiant pas d'auantage
pour en eſtre reſpecté, par ce
qu'il ſe remet inceſſamment
deuant les yeux que ce n'eſt pas
proprement à luy, mais à Dieu

M ij

que s'adreſſent telles ſubmiſ-
ſions, pour receuoir leſquelles
il a eſté enuoyé icy par lega-
tion. Que ſi ſa prudence luy
conſeille de s'ayder de la force
de ſes armes pour ſe faire payer
de tout chacun la debte dont
on luy eſt obligé, ie ne doute
point qu'il n'en vienne facilement à bout, & qu'ayant rendu
les plus remarquables parties
du monde les theatres de ſa valeur, & remply tellement les
fleuues du ſang de ſes ennemis
qu'ils en payeront long-temps
leur tribut à la mer, ſon Empire
n'ait la meſme meſure pour ſon
eſtenduë, qu'à maintenant ſa
renommee. Ie ſçay bien qu'il
n'eſt pas de ces Princes ambi-
tieux, qui n'eſtans pas contents

de leur païs naturel, desiroient
en acquerir d'autres sans le-
gitime suject, & ressembloient
à ces vents qui voulans sortir
des grottes où ils sont enfermez, pour faire vn rauage vni-
uersel, esmeuuent toute la terre
auec des tremblemens espou-
uentables. Le but de ses entreprises guerrieres ne sera pas
tant de reduire tous les mortels
sous vn mesme Roy, qu'à vne
mesme foy, encore qu'il soit icy
pour establir en toutes choses
l'vnité desirable. Aussi Dieu luy
apportera tant de secours, que
les Potentats infideles qui mar-
cheront à l'encontre de luy, se
fians sur leurs armees qui tari-
ront les fleuues, & feront gemir
les terres sous leur faix, feront

M iij

en moins d'vn rien fauchez
comme l'herbe auecque tous
leurs gens, & connoiſtront que
la mort eſtant de ſon party ne
lancera ſes dards que contre
eux. Il menera ces Tyrans en-
chaiſnez apres ſon char de triomphe, ainſi qu'il y meine deſ-
ja les vices qui ne ſont pas de
moins redoutables Tyrás. Il r'a-
baiſſera l'orgueil de tant de ci-
tez iniques, qui ne ſont que des
cauernes de beſtes ſauuages,
& leur ruine ſera enſeuelie ſi
auant deſſous terre afin que le
ſouuenir ſ'en perde, que l'on
pourra labourer au lieu de leur
ſituation, ſans que les marbres
arreſtent à tous coups le ſoc
de la charuë & empeſchent
le grain de germer. L'on verra

accomplir ces predictions qui
ont asseuré que lors qu'vn
Soleil seroit descendu en terre,
le Croissant y seroit non seulement priué de sa splendeur,
mais en seroit mesme chassé,
sans auoir de retraite qu'aux
Enfers, où les Anciens croyoiët
que presidoit la Deesse qui conduit cet Astre au premier Ciel.
Et quant aux Princes Chre-
stiens, il faut esperer qu'ayans
descouuert tant de preuues manifestes que Dieu veut qu'il soit
sur la terre ce qu'il est dans les
Cieux, ils n'auront pas tant
de presumption que de commander autre chose à leurs sujects que ce qu'il leur aura permis de leur commander: de sorte que comme le Roy de Perse

auoit en son cabinet parmy ses plus précieux thresors de l'eau de toutes ses prouinces, pour monstrer le pouuoir qu'il auoit dessus elles : il portera pour la mesme occasion vne couronne embellie de la richesse particuliere de toutes les contrees du monde, luy ayant esté apporté des vnes des diamáts ou des rubis, & des autres des perles. Mais ô malheur extréme de tous les hommes! s'il faut qu'vne fois vn Roy si parfait leur soit rauy? Qu'elle heureuse posterité si conforme à ses mœurs pourra estre autant aymee, & arrester le cours des larmes & des soufpirs qui voudront quasi ranimer ses cendres. Tout ce qui peut apporter de la consola-

tion, c'est qu'en se flattant l'on
conjecture que puis qu'il n'a
point eu d'Orient estant venu
de prime abord sur le Midy de
l'Hemisphere sans accroistre
petit à petit sa clarté, il n'aura
point aussi d'Occident. Fasse le
Ciel que cela arriue comme
l'on se le promet; ou que tout
au moins lors que l'heure sera
venuë que cette belle plante sera tiree de ce mauuais terroir
indigne d'elle, pour estre remi-
se au jardin eternel son terroir
natal, & se voir deliuree des peines frequentes que nous luy
donnons, elle fasse encore venir son ombrage salutaire iusques icy, cela ne luy estant pas
difficile, veu qu'elle sera plus
grande que iamais. Mais qu'el-

les paroles auez vous proferees
touchant vn suject si haut, ô ma
langue! qui n'estiez accoustu-
mee qu'à dire des choses tres-
basses? Quel estonnement i'ay,
maintenant que ie repasse en
ma memoire les discours que
i'ay faicts sans en interrompre
la suitte, ausquels il ne s'en
trouuoit point de semblables
en mon imagination auant que
d'auoir commencé de parler! Il
faut bien que l'Ange qui veil-
le pour la conseruation de l'Empire le plus florissant de tous,
ait eu le soin de faire tomber
sans cesse dans mon esprit des
imaginations releuees, de mesme que l'on pourroit faire di-
stiller goutte à goutte dans vne
lampe vne huyle de senteur

merueilleuse pour entretenir
sa clarté. Ie ne cele point que
son assistance m'a aydé beaucoup selon mes espoirs , &
que si i'en auois tousiours vne
pareille lors que ie me seray
mieux accoustumé à m'en seruir, les hommes qui ont creu
que ceux qui ont essayé iusques
à cette heure de paruenir à l'as-
pre sommet de l'Eloquence,
sont au plus haut que l'on pouuoit aller, connoistroient qu'ils
ont estimé vn petit lac comme le plus grand amas d'eau
du monde , auparauant que
d'auoir veu vne large mer.
Tant plus l'on esplucheroit
mes moindres propos, tant plus
l'on y trouueroit d'enseigne-
mens & de sujets de s'estonner,

& les plus opiniaſtres ſeroient
forcez de tenir ce que i'aurois
obſerué pour des regles trescer-
taines. Mais toutesfois, ô puiſ-
ſant Demon! ceſſez vn peu de
m'attirer apres vous: car eſtant
encore attaché à vne maſſe pe-
ſante; ie ne ſçaurois ſuiure ſi
long-temps vn eſprit qui en vn
clin d'œil ſe tranſporte d'vn Po-
le à l'autre. I'ay touché le but de
ma carriere; laiſſez moy reprendre haleine ſi vous voulez que
i'en recommence vne ſeconde:
encore ne faut-il pas qu'elle
ſoit ſi difficile : mes forces n'y
pourroient pas fournir. Ie ne
ſçaurois traiter que d'vn ſujeckt
mediocre, dont le doux ſtile
taſche de plaire aux oreilles de mon Roy, lors qu'eſtant

las d'oüyr le son vehement
des trompettes qui donnent
le signal pour courir à la mort,
il sera bien aysé d'entendre les
airs de ces lyres harmonieu-
ses qui redonnent la vie, & qui
sont les fruicts de la paix les
plus agreables & les plus propres à nous enflámer de mieux
en mieux à l'amour de la Vertu.
Mais auparauant que de dresser le plan de ce dessein, afin de
monstrer que ie ne crains rien
tant que de me distraire du deuoir où ie me suis efforcé de faire ráger tout le móde, i'iray offrir à cet inestimable monarque
les plus ardentes affections de
mó ame, & luy tesmoigner que
pour rendre son bonheur encore infinimét esleué au dessus de

ce qu'il est auiourd'huy, où l'on
le tient arriué à l'extréme, il ne
faudroit qu'accomplir ce que
ie luy souhaite.

F I N.